ÉLOGE DE LA MENTALITE D'ENQUÊTE

«Trevor et Rebecca fournissent des idées et des ressources incroyables pour soutenir l'apprentissage du XXIe siècle ! En mettant l'accent sur les passions des élèves et la pédagogie, ils offrent des expériences personnelles et des exemples de concepts provenant du monde entier. Ce livre est un incontournable pour tous ceux qui se demandent 'comment mieux répondre aux besoins de mes apprenants' en utilisant des idées, des exemples et des outils spécifiques !»

—**Brian Aspinall,** educator, TEDx speaker, and bestselling author of Code Breaker, Canada

«La mentalité d'enquête est un livre important sur un sujet encore plus important. Notre monde en mutation rapide a plus que jamais besoin de chercheurs et d'apprenants tout au long de la vie. À l'aide de conseils pratiques et d'histoires captivantes, Trevor MacKenzie et Rebecca Bushby offrent un plan directeur sur la façon d'inspirer et de guider l'apprentissage fondé sur l'enquête.»

—**Warren Berger,** author of A More Beautiful Question, USA

«Trevor MacKenzie développe son premier livre avec un autre argument puissant en faveur de l'apprentissage basé sur l'enquête en mettant les éducateurs au défi d'attiser la curiosité des élèves, d'écouter leur voix et de nourrir leur cœur. La mentalité d'enquête fournit des conseils pratiques, des exemples, des stratégies et des ressources aux enseignants, afin qu'ils puissent relever ces défis dans le cadre de leur propre apprentissage professionnel. MacKenzie emmène les lecteurs dans leur propre cheminement personnel pour découvrir comment ils peuvent devenir des enseignants enquêteurs. Je recommande vivement le livre à tous les enseignants qui souhaitent exploiter le potentiel de renforcement de l'autonomie des élèves en matière d'apprentissage.»

—**Barbara Bray,** author of Make Learning Personal and How to Personalize Learning, host of Conversations on Learning podcast, and education consultant at Rethinking Learning, USA

«Quel cadeau Trevor MacKenzie et Rebecca Bushby apportent avec leur nouveau livre, La mentalité d'enquête! Ce guide complet aide les enseignants à tous les niveaux, depuis la compréhension de la recherche et de la base théorique de l'enquête jusqu'à la gestion des moindres détails, y compris la configuration de la classe, l'élaboration de questions de recherche et la conduite des enfants à travers un modèle d'enquêtes authentiques progressives. Les auteurs aiment proposer ce qu'ils appellent des provocations, une expérience conçue pour «susciter la réflexion, l'émerveillement, l'engagement, la curiosité et les questions chez nos apprenants». En lisant ce livre, vous allez être délicieusement provoqués».

—**Harvey "Smokey" Daniels,** author of
The Curious Classroom, USA

Dans la suite de la ressource d'enquête très acclamée « Dive into Inquiry », MacKenzie donne vie à sa philosophie d'apprentissage (et d'enseignement) dans La mentalité d'enquête. Des objectifs pédagogiques nébuleux, tels que l'apprentissage personnalisé et l'acceptation de la voix et du choix, prennent vie grâce à un récit enchanteur, débordant d'un mélange parfait d'idéalisme et d'applicabilité. Chaque chapitre regorge d'anecdotes, de ressources et de croquis qui trouveront un écho profond chez le lecteur et aideront les éducateurs à acquérir les outils et la compréhension nécessaires pour accomplir ce que nous apprécions le plus dans le domaine de l'éducation : honorer chaque élève en tant qu'individu unique doté de ses propres passions, talents et curiosités qui ne demandent qu'à être nourris et explorés de manière plus significative en classe. Procurez-vous dès aujourd'hui votre exemplaire de ce livre... vous ne serez pas déçu !

—**Sylvia Duckworth,** EdTech consultant, author of Sketchnotes for Educators, Canada

«Apporter du sens dans les couloirs de nos écoles, de la pertinence dans nos salles de classe et de l'authenticité dans l'apprentissage de nos élèves sont tous au premier plan de la transformation de l'éducation dont nous sommes témoins dans le monde entier. Après avoir lu le superbe livre La mentalité d'enquête de Trevor MacKenzie et Rebecca Bushby, j'ai su que nous étions des âmes sœurs en matière d'éducation. Ce livre regorge d'étapes inspirantes pour donner du pouvoir à nos étudiants. C'est un livre qui doit être lu !»

—**Amy Fast,** assistant principal, author of It's the Mission, Not the Mandates, USA

«La mentalité d'enquête valide qui je suis en tant qu'enseignant et illustre la voie à suivre pour que je devienne l'enseignant que je veux vraiment être. Ce livre a tout pour plaire : le quoi, le pourquoi et le comment de l'introduction du modèle d'enseignement par enquête dans votre classe. Les auteurs vous invitent à examiner vos propres pratiques, fournissent des solutions concrètes pour élever votre art, et partagent même des moyens pratiques pour amener la curiosité et l'émerveillement dans la vie de vos élèves !»

—**Lisa Highfill,** teacher, tech integration coach, and coauthor of The HyperDoc Handbook, USA

«Êtes-vous un apprenant pour la vie et souhaitez-vous qu'il en soit de même pour vos élèves ? Pour changer la culture de votre classe, il faut créer un environnement dans lequel les élèves peuvent se renseigner et trouver des réponses à ce qu'ils veulent savoir. La mentalité d'enquête fournit des échafaudages pour ce à quoi aspirent de nombreux éducateurs du primaire, ainsi qu'une myriade de ressources, d'histoires et d'exemples que les éducateurs peuvent utiliser pour aider à créer des opportunités d'apprentissage authentiques qui favorisent une culture d'enquête. Si nous utilisons ces échafaudages, jusqu'à l'enquête libre, nous pouvons faciliter des moments suffisamment mémorables pour développer des apprenants à vie dans nos écoles.»

—Joy Kirr, author of Shift This and brave educator
of middle school students, USA

«La mentalité d'enquête est un guide pratique pour introduire la curiosité dans votre classe. Rempli d'idées pour vous aider à poser de grandes questions et à développer la curiosité chez vos élèves, ce livre vous aidera à créer un environnement d'apprentissage qui inspire les élèves à tomber véritablement amoureux de l'apprentissage.»

— Aaron Hogan, author of
Shattering the Perfect Teacher Myth, USA

«Si vous avez adoré « Dive into Inquiry », vous allez devenir fou de « La mentalité d'enquête » ! Si vous n'avez pas encore découvert le travail de Trevor MacKenzie, vous allez vous régaler ! C'est le livre parfait pour pousser votre enseignement et vous préparer (ainsi que vos élèves) à un apprentissage axé sur l'élève.»

—Jennie Magiera, author of Courageous Edventures, USA

« La mentalité d'enquête offre des conseils pratiques et éprouvés pour donner vie dans votre classe aux objectifs « de l'enquête authentique des élèves » et « d'apprentissage personnalisé ». Un récit riche tissant des processus d'enquête accessibles avec des résultats réalisables, ce livre est une lecture indispensable pour les éducateurs.»

—Jay McTighe, coauthor of the
Understanding by Design® series, USA

«Quel travail voulez-vous ? Non, quel changement voulez-vous apporter dans le monde ? Si c'est là votre objectif en matière d'éducation, Trevor et Rebecca ont fourni un manuel d'enquête débordant d'exemples et de processus réfléchis. Ce livre laisse de côté l'approche de l'enquête qui consiste à faire ce que l'on veut et propose une feuille de route concrète que vous pouvez suivre pour réussir–y compris des arrêts en cours de route pour vous émerveiller ! Ce livre aidera votre classe à évoluer pour répondre aux exigences du monde à l'égard de nos élèves.»

—Matt Miller, author/blogger of Ditch That Textbook,
speaker, 10+ year classroom veteran, USA

«Si vous voulez vraiment développer une culture de classe inquisitrice, alimentée par la curiosité de vos élèves, une classe où aucun élève n'a peur de s'asseoir dans le siège du conducteur de son apprentissage, de l'explorer et de poser des questions, alors ce livre est fait pour vous. La mentalité d'enquête vous fournira des conseils pratiques et des idées qui vous aideront à développer votre capacité d'apprentissage basé sur l'enquête, afin que vos élèves se sentent à l'aise avec l'idée de mettre leur apprentissage à plat. MacKenzie et Bushby fournissent des informations précieuses sur le cycle d'enquête, les types d'enquête des élèves, les quatre piliers de l'enquête et le rôle des questions dans le processus d'enquête. Comme Albert Einstein l'a dit un jour, 'L'esprit qui s'ouvre à une nouvelle idée ne revient jamais à sa taille initiale', et cela est tout à fait vrai de l'état d'esprit de l'enquête.»

—**Kathryn Morgan,** director of CPD and Research Based Learning at the Prince Albert Community Trust, Birmingham, England

«Le pouvoir de la curiosité et de l'enquête des élèves en classe est sans limite et lorsque les enseignants accueillent les questions des élèves et les reconnaissent comme des points de départ de l'apprentissage, des choses étonnantes se produisent inévitablement. Mais comment exploiter les interrogations et l'imagination de nos apprenants ? Comment favoriser une culture qui célèbre la curiosité ? Ce livre démystifie ce que cela signifie pour les enseignants dans leurs salles de classe et fournit aux éducateurs la compréhension nécessaire pour donner une véritable autonomie aux élèves. Un récit touchant, débordant de moyens inspirants mais pratiques pour honorer la curiosité des élèves, La mentalité d'enquête transformera votre enseignement !»

—**Ramsey Musallam,** EdD, high school science teacher and author of Spark Learning, USA

La mentalité d'enquête est un livre qui dit très clairement que nous ne pouvons pas simplement espérer que «l'enquête se produise». Au contraire, il est important d'encourager délibérément la mentalité d'enquête dans la classe. Une fois cet engagement pris, il existe de nombreuses façons de s'assurer que «l'enquête se produit». La passion des auteurs pour l'engagement des élèves transparaît dans chaque chapitre, car ils fournissent une pléthore d'outils et de méthodes familiers et novateurs qui peuvent aider à encourager l'enquête dans n'importe quelle classe. En fin de compte, cela peut conduire au résultat le plus important : un véritable apprentissage autodirigé.»

—**Dan Rothstein,** author of Make Just One Change, USA

«Trevor MacKenzie a fait suite au très populaire « Dive into Inquiry » avec un autre voyage inspirant dans l'apprentissage personnalisé avec La mentalité d'enquête. Ce livre est plein d'étapes pratiques et perspicaces pour introduire l'apprentissage basé sur l'enquête dans vos salles de classe. Chaque chapitre propose des idées concrètes qui inspireront, informeront et apporteront des changements significatifs pour vos élèves. Ce livre doit être entre les mains de l'enseignant d'aujourd'hui qui veut passer de l'ancien au pertinent !»

—**Don Wettrick,** author, Pure Genius: Building a Culture of Innovation, CEO, StartEdUp, USA

«Dans ce suivi pratique et puissant du très apprécié « Dive into Inquiry », MacKenzie et Bushby expliquent comment engager les élèves dans un cycle d'enquête. Ils proposent des stratégies de classe et des études de cas pour montrer comment trouver un équilibre entre les résultats attendus du programme scolaire et la capacité croissante des élèves à générer et à poursuivre des curiosités. C'est la marque de l'apprentissage personnalisé, qui consiste à faire grandir les élèves en les libérant progressivement de leurs responsabilités et à leur offrir à la fois la structure et la liberté nécessaires pour qu'ils puissent s'interroger librement.»

—**Allison Zmuda,** author and education consultant, USA

TREVOR MACKENZIE
AVEC REBECCA BUSHBY

LA MENTALITÉ
D'ENQUÊTE

NOURRIR LES RÊVES,
MERVEILLES ET CURIOSITÉS DE
NOS PLUS JEUNES APPRENANTS

Pour toute information concernant l'autorisation, veuillez contacter l'éditeur à l'adresse info@elevatebooksedu.com.

Ces livres peuvent faire l'objet de remises spéciales lorsqu'ils sont achetés en quantité à des fins de primes, de promotions, de collecte de fonds et d'enseignement.

Pour toute demande de renseignements et de détails, contactez l'éditeur : info@elevatebooksedu.com.
Publié par ElevateBooksEdu

Édition et décoration intérieure par My Writers' Connection
Conception de la couverture par Genesis Kohler
Photo d'auteur par Sherri Martin

Numéro de contrôle de la Bibliothèque du Congrès : 2018933312
Livre de poche ISBN : 979-8-9891489-0-5
Livre électronique ISBN : 979-8-9891489-1-2
Première impression : Février 2018

DÉDICACE

À NOS MÈRES, POUR NOUS AVOIR AIDÉS À POURSUIVRE DE GRANDS RÊVES, À ALLER AU BOUT DE NOS PASSIONS, ET POUR NOUS AIMER INCONDITIONNELLEMENT.

SOMMAIRE

AVANT-PROPOS

La publication du livre phénoménal de Carol Dweck, intitulé « *Mindset* » a non seulement contribué à remettre en question et à approfondir notre compréhension de la nature de l'apprentissage, mais a également apporté un terme puissant au lexique contemporain de l'enseignement. Nous sommes désormais beaucoup plus conscients de l'impact de l'état d'esprit que nous apportons en classe. Les hypothèses et les croyances que nous avons sur nos rôles, sur l'objectif de l'école, sur les élèves et sur l'apprentissage lui-même déterminent ce que nous faisons et disons. Notre état d'esprit est important. Au fait, ce que nous faisons et disons à un impact significatif sur l'état d'esprit de nos élèves. Entre autres, l'aménagement des espaces de classe, le type de questions que nous posons, le degré de choix et de participation que nous accordons à nos apprenants, la nature de notre collaboration avec d'autres enseignants et notre utilisation des outils numériques se combinent pour influencer la manière dont nos élèves perçoivent l'apprentissage et de laquelle ils se voient comme apprenants.

Depuis plus de trente ans, je préconise l'utilisation d'une approche de l'apprentissage fondée sur l'enquête. Les travaux contemporains dans ce domaine reposent sur les épaules de géants. De Socrate aux travaux précurseurs de Dewey, Bruner, Vygotsky, Freire et d'autres qui ont remis en question la notion d'apprenant en tant que récepteur passif d'informations et ont décrit l'apprentissage comme un processus actif de construction par l'apprenant. Par essence, l'enquête est la manifestation de cette vision constructiviste. Elle a une longue et riche histoire et de nombreux champions, mais le défi demeure dans de nombreuses écoles de changer les mentalités et d'arracher l'étau des perceptions conservatrices de ce que signifie enseigner et apprendre.

Au fil des années de travail en classe, j'ai fini par comprendre ce qui semble aujourd'hui d'une évidence aveuglante. Pour que les élèves s'interrogent vraiment avec profondeur, ténacité et joie, ils ont besoin d'enseignants qui sont eux-mêmes des enquêteurs. Ils ont besoin d'enseignants qui apportent un état d'esprit d'enquête dans la classe.

La lecture de ce livre (et du livre précédant « *Dive into Inquiry* ») montre clairement que Trevor MacKenzie est l'un de ces enseignants–un enseignant qui souhaite ardemment donner aux élèves toutes les chances de suivre leurs passions et de développer les compétences et les dispositions si importantes dans un paysage d'apprentissage et de vie en rapide évolution.

Repenser notre travail d'enseignant demande du temps et des efforts. Les conseils simples et accessibles que contient ce livre apportent le type de soutien pratique dont les enseignants ont besoin pour opérer des changements. L'enthousiasme de Trevor et de sa coauteure, Rebecca Bushby, pour leur sujet se dégage des pages, en particulier dans le partage de leurs propres expériences ou à travers les nombreuses et délicieuses vignettes d'enseignants mettant en œuvre certains aspects de l'approche. Ces exemples sont réels, riches et parlants. De nouvelles façons d'interpréter et de décrire ce que signifie être un enseignant enquêteur, comment structurer un parcours d'enquête, comment aider les enfants à suivre leurs passions et le rôle de l'enseignant bibliothécaire dans un contexte de l'enquête font de « La mentalité d'enquête » une lecture captivante et un ajout bienvenu au domaine. Trevor et Rebecca prennent soin de rappeler ce que l'on sait depuis longtemps de l'efficacité de l'enquête : elle ne se fait pas toute seule, elle nécessite une réflexion, une planification et un étayage minutieux de la part des enseignants et des apprenants.

Le livre s'ouvre sur une réflexion personnelle de Trevor sur les connaissances acquises en regardant son premier enfant grandir. Comme tant de parents, il aspire à une expérience éducative qui valorise réellement les «caractéristiques, besoins et intérêts» uniques de son fils. En mettant leur propre expérience d'enquête à la disposition d'autres enseignants par le biais de ce livre, Trevor et Rebecca ont largement contribué à honorer ce principe. La lecture de ces pages est en effet réconfortante. Le travail d'enquête initié il y a si longtemps reste entre de bonnes mains alors qu'une nouvelle génération d'éducateurs découvre le pouvoir d'une approche qui place véritablement l'apprenant au centre.

Kath Murdoch
auteur, *"The Power of Inquiry"*

DÉFINITIONS

L'enquête est le processus dynamique qui consiste à s'ouvrir à l'émerveillement et à la perplexité et à apprendre à connaître et à comprendre le monde.

-Alberta Focus on Inquiry, 2004

L'apprentissage fondé sur l'enquête est un processus suivant lequel les élèves s'impliquent dans leur apprentissage, créent des questions essentielles, mènent une vaste enquête, puis construisent de nouvelles compréhensions, significations et connaissances. Ces connaissances sont nouvelles pour les élèves et peuvent être utilisées pour répondre à leur question essentielle, pour élaborer une solution ou pour soutenir une position ou un point de vue. Les connaissances sont habituellement présentées aux autres d'une manière publique et peuvent donner lieu à une action quelconque.

-Alberta Focus on Inquiry, 2004.

Types d'enquête des élèves est une approche échafaudée de l'enquête en classe, une approche qui augmente graduellement l'autonomie de l'élève en matière d'apprentissage tout en fournissant aux apprenants les compétences, les connaissances et la compréhension nécessaires pour réussir dans leur enquête.

PRÉFACE

Lorsque mon premier fils, Ewan, est né, mon rôle dans la classe, ma philosophie de l'apprentissage et ma compréhension de ce que signifie être un éducateur ont tous changé pour le mieux. En vérité, Ewan et les expériences que j'ai vécues avec lui sont là l'inspiration pour mon livre « La mentalité d'enquête » et mon approche de l'enseignement.

Ewan a toujours été exceptionnellement curieux, verbal et empathique. Ma femme et moi avons vu ces caractéristiques uniques apparaître dès qu'il a commencé à donner un sens au monde qui l'entourait. Lorsqu'il était tout-petit, Ewan aimait inventer des histoires en regardant des livres d'images. Il créait des mondes fantastiques qui transcendaient la réalité et qui s'infiltraient dans tous les aspects de nos vies. Une randonnée dans les bois se transformait en une aventure exquise. Un voyage à l'épicerie est devenu une chasse au trésor. Il utilisait des cubes pour construire un monde rempli d'êtres fictifs et de créatures mythiques.

Ewan mettait des mots sur ses expériences et ses souvenirs, avec un vocabulaire qui dépassait son âge. Mais surtout, Ewan ressentait les choses. Lorsqu'un de ses camarades de classe était absent, Ewan s'inquiétait de son bien-être. Quand une chanson passait à la radio, il dansait. Quand un personnage de livre avait mal, il avait mal aussi. Au-delà d'être simplement un enfant sensible, Ewan a toujours été dirigé par son cœur.

Ma femme Sarah et moi avons toujours aimé la curiosité infinie d'Ewan, sa façon magique d'utiliser les mots, et son cœur ouvert, et nous avons activement essayé d'honorer ces importants traits de personnalité à travers la façon dont nous nous comportons comme parents. Nous l'avons encouragé à explorer ses centres d'intérêt à travers les livres, les dessins animés, les jeux et les jeux d'imagination. C'est peut-être pour cela que nous étions si anxieux à l'idée qu'il entre au jardin d'enfants. Nous nous demandions ...

Est-ce que notre système éducatif répondrait à ses besoins et honorerait les caractéristiques que nous aimions chez notre fils ?

Ses enseignants sauraient-ils éveiller sa curiosité ?

Entendraient-ils sa voix ?

Nourriront-ils son empathie ?

Plus Ewan approchait de l'école, plus nous étions anxieux et inquiets. Nous voulions que sa personnalité soit honorée, soutenue et célébrée. Nous voulions que ses professeurs connaissent vraiment notre fils et qu'ils soient capables de nous décrire, lors de la soirée parents-professeurs, les traits de caractère que nous avions appris à chérir durant sa jeune vie.

En tant que professeur de lycée, j'ai été témoin de l'impact négatif que les objectifs d'apprentissage surprescrits et les programmes d'études standardisés et les outils d'évaluation ont sur des élèves comme Ewan. A un certain moment de leur scolarité, les élèves deviennent moins curieux, moins aventureux, et moins amoureux de l'apprentissage. Sarah et moi ne voulions pas qu'Ewan fasse l'expérience de ce genre de dépersonnalisation dans sa scolarité. Dans cet esprit, nous étions prêts à prendre des mesures pour nous assurer que cela n'arrive pas à notre fils.

Avons-nous organisé une réunion avec son professeur et lui avons-nous demandé ce qu'elle ferait pour répondre au mieux aux besoins d'Ewan ?

Non.

Avons-nous téléphoné au directeur et demandé qu'Ewan soit affecté à une classe avec un professeur qui serait plus compréhensif envers nos préoccupations ?

Non.

Avons-nous inscrit Ewan dans une école privée avec des classes moins nombreuses ?

Aucune chance.

J'ai fait quelque chose d'encore plus radical.

J'ai examiné de près mes propres pratiques d'enseignement. J'ai décidé d'étudier les caractéristiques, les besoins et les intérêts de chacun de mes apprenants, comme je l'ai fait avec mon propre fils. Avec cet état d'esprit–considérer tous mes élèves comme uniques à leur manière–j'ai décidé de les honorer dans ma classe. Par conséquent, ils ont contribué à façonner mon rôle d'enseignant.

Alors qu'Ewan entrait à la maternelle en septembre, prêt à affronter le monde et à apprendre de grandes choses, j'ai examiné mes classes à travers un nouveau regard sur l'enseignement et une nouvelle perspective sur le rôle d'éducateur. J'ai décidé que, si je devais être le genre d'enseignant que je voudrais que mon fils ait, je devrais laisser derrière moi tout ce que je pensais de l'enseignement et repartir à zéro. Le premier jour d'école, j'ai fondamentalement changé mon rôle dans la classe. Au lieu de distribuer un plan de cours, ma routine habituelle du premier jour, j'ai mis mes élèves de terminale au défi de m'aider à coconcevoir notre cours d'anglais en partageant les sujets qu'ils voulaient aborder, les problèmes qu'ils voulaient résoudre et les façons dont ils voulaient démontrer leur compréhension. J'espérais faire de notre cours un endroit où leurs voix seraient célébrées et où leurs passions, leurs intérêts et leurs curiosités seraient honorés. Pour atteindre ces objectifs, mes élèves devaient jouer un rôle plus actif, plus significatif et plus personnalisé dans leur apprentissage.

Cela a pris plusieurs jours, mais nous avons conçu ensemble un programme de cours qui nous était propre. Nous avons partagé nos idées, défendu nos besoins d'apprentissage et discuté différentes façons de démontrer notre compréhension–des alternatives aux devoirs plus traditionnels que l'on retrouve habituellement dans les salles de classe. Ces premiers jours ont peut-être été les plus difficiles de ma carrière. Lâcher le contrôle et le pouvoir dans la salle de classe et trouver du réconfort dans le désordre de l'incertitude a été incroyablement difficile pour moi. Mes étudiants ont également eu du mal pendant ces journées. Ils avaient une idée préconçue de la façon dont la classe fonctionnerait, et j'avais inversé la structure du cours.

Malgré un début difficile, le processus a été très bénéfique. Non seulement nous nous sommes mutuellement approprié le cours, mais grâce à cette appropriation, nous avons également établi une confiance qui nous a permis d'entamer ensemble un parcours d'apprentissage exceptionnellement significatif. Au cours des semaines et des mois suivants, j'ai été témoin de l'écriture et de la collaboration extraordinaire que l'on peut attendre d'une classe d'anglais de niveau supérieur. Mais ce que j'ai trouvé encore plus précieux, c'est le pouvoir de la confiance et de l'appropriation que nous avions construites, qui se reflétait dans les travaux originaux et authentiques de mes élèves. Voici un petit échantillon de la manière personnalisée dont ils ont démontré leur apprentissage :

- une collection de peintures représentant les changements de personnages dans une série de romans
- une pièce de danse chorégraphiée représentant le thème d'un recueil de poésie lu par un élève
- un message d'intérêt public informant les spectateurs sur les différentes sexualités et orientations romantiques

- un dragon en tôle soudée illustrant le symbolisme d'un roman
- un jeu vidéo créé par un élève reflétant le conflit central et l'intrigue d'un roman de fiction historique
- une nouvelle de 140 pages sur une jeune adolescente impressionnable qui cherche désespérément à s'intégrer dans le milieu social de son lycée.

À chaque fois, mes élèves m'ont surpris par leur travail. Ils avaient leur mot à dire sur l'orientation de notre cours et, par conséquent, ils s'intéressaient à ce qu'ils apprenaient. Tout au long de l'année, nous avons découvert un sentiment d'appropriation, de confiance et d'authenticité qui nous a permis de renouer avec une curiosité intérieure que nous n'avions pas ressentie depuis longtemps. Chacun de nous a ravivé sa passion pour l'apprentissage, ce dont notre expérience éducative nous avait privés pendant plusieurs années. L'expérience a été très émouvante pour nous tous, et mon enseignement n'a plus été le même depuis.

« La mentalité d'enquête » vise à donner à nos apprenants les outils, la compréhension et les compétences nécessaires pour faire la différence dans le monde.

Les idées que Rebecca et moi partageons ici clarifieront le processus d'enquête, la façon dont nous l'utilisons dans nos classes et ce que nos apprenants en retirent tout au long de l'année.

Nous savons que si vous appliquez la philosophie de « La mentalité d'enquête » dans votre classe, les expériences d'apprentissage, les interrogations et les provocations transformeront véritablement votre enseignement et changeront à jamais la vision de vos élèves sur ce que l'éducation peut et doit être.

« La mentalité d'enquête » vise à donner à nos apprenants les outils, la compréhension et les compétences nécessaires pour faire la différence dans le monde.

En gardant cela à l'esprit, j'ai un défi pour vous :

En lisant ce livre, gardez Ewan à l'esprit. Réfléchissez à la façon dont il réagirait à nos propositions. Imaginez-le dans notre classe de recherche et demandez-vous si ses curiosités, sa voix et son cœur seraient honorés. De retour dans votre classe, regardez vos élèves sous un angle différent. Voyez-les comme mon fils Ewan : uniques et spéciaux à leur manière. Si vous êtes en mesure de voir vos élèves de cette manière, les choses qui brouillent les cartes de notre profession–la prescription excessive et la standardisation qui n'honorent pas la joie d'apprendre innée à chaque élève–deviendront un peu moins importantes. Choisissez d'attiser la curiosité des élèves, d'entendre leur voix et de nourrir leur cœur. Je n'ai aucun doute que, si nous sommes tous capables de faire cela, l'avenir de nos apprenants–et d'Ewan–est entre de bonnes mains.

Merci.

Trevor

COMMENT UTILISER #MENTALITEDENQUETE EN ACTION

À la fin de chaque chapitre de « *la mentalité d'enquête* », vous découvrirez des instructions nous avons appelées *#MENTALITEDENQUETE EN ACTION*. **Ces appels à l'action,** courts et percutants, vous demanderont de réfléchir à votre lecture et de mettre en œuvre une partie de ce que nous proposons. Une fois que vous l'aurez fait, nous vous demandons de capturer et de partager ces actions avec notre communauté *#MENTALITEDENQUETE*, en les partageant avec vos amis via Twitter, Instagram ou en les publiant dans vos groupes Facebook. **En matière d'enquête, nous sommes tous meilleurs ensembles.** Dans cet esprit, engageons-nous à partager notre apprentissage au fil de nos lectures afin de nous soutenir collectivement pour devenir les enseignants dont nos élèves ont besoin. Bonne lecture!

L'ENSEIGNANT
ENQUÊTEUR

Les enseignants sont le facteur le plus important pour assurer une transition réussie de la pédagogie tradi-tionnelle à l'adoption de la démarche d'enquête dans nos salles de classe. Au-delà du leadership et de la culture de l'école, du soutien des ressources et de la collaboration avec les collègues, ainsi que de la conception de nos espaces, le succès d'une classe basée sur enquête dépend des enseignants qui travaillent avec les élèves dans le cadre d'enquête. « *La mentalité d'enquête* » et « *Dive into Inquiry* » visent tous deux à soutenir les enseignants dans leurs efforts pour intégrer la démarche d'enquête dans chaque classe. Tout en étant des enseignants à plein temps (Rebecca en maternelle et Trevor au lycée), nous sommes également des accompagnateurs. Nous passons beaucoup de temps à aider les enseignants, les écoles à adopter une approche de l'apprentissage basée sur l'enquête. C'est dans cette optique, par le biais de nos activités de coaching, de conseil, de partage et d'ensei-gnement, que nous avons créé ce livre. Nous fournirons des exemples

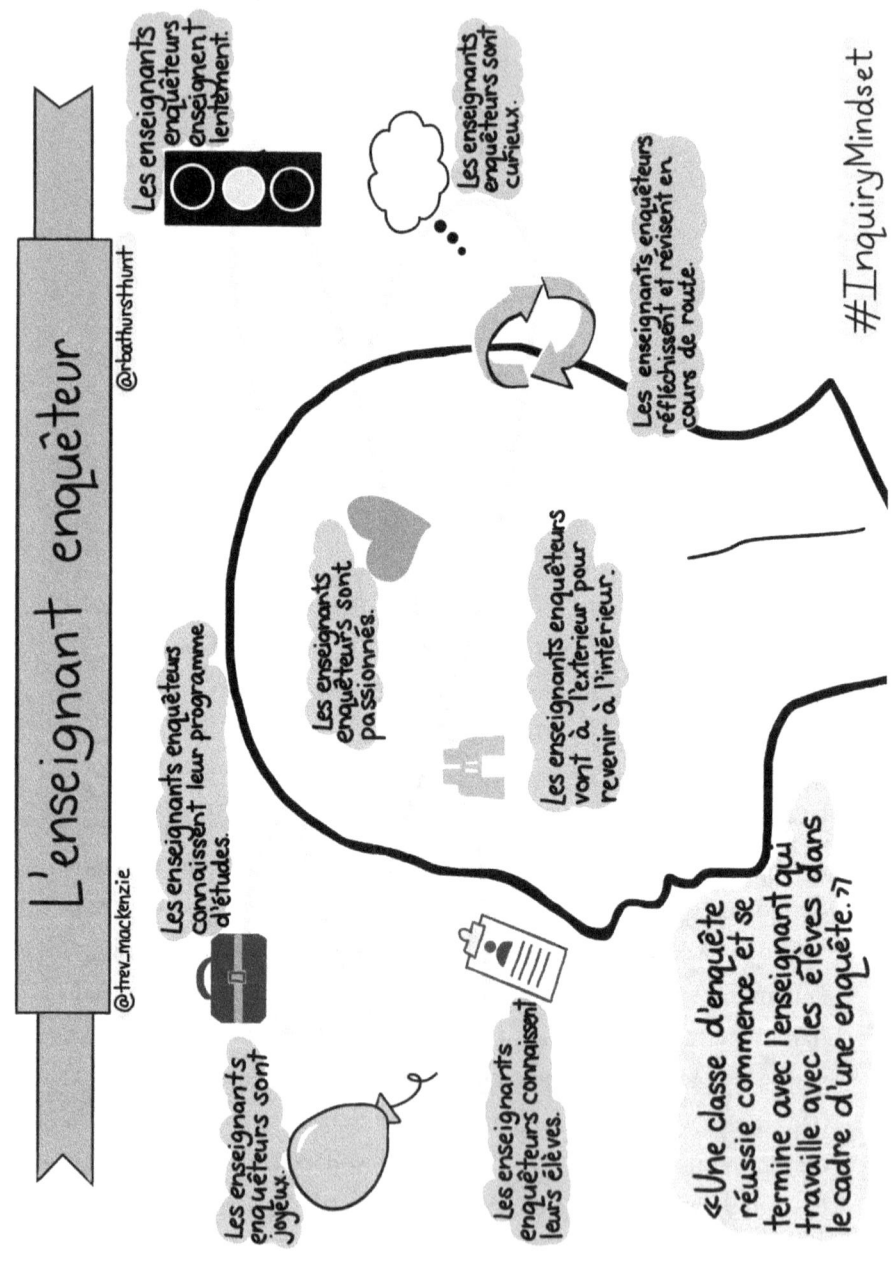

riches et authentiques d'enquête dans la pratique et partagerons des stratégies et des structures réussies pour permettre aux apprenants de s'adapter à leurs rôles en constante évolution dans l'apprentissage. Ces livres ouvrent la voie pour que l'enquête amplifie véritablement l'apprentissage et permette aux élèves de s'exprimer.

Cependant, les ressources présentées dans ces livres ne fonctionneront que si vous, l'enseignant, possédez les caractéristiques spécifiques qui vous permettent d'exploiter le potentiel d'une plus grande autonomie des élèves en matière d'apprentissage. La bonne nouvelle est que, où que vous soyez dans votre carrière d'enseignant, ces caractéristiques peuvent être apprises, entretenues et perfectionnées. Grâce à une utilisation cohérente et intentionnelle, elles peuvent faire partie de votre DNA d'enseignant. Et en cultivant ces caractéristiques essentielles, vous deviendrez le professeur d'enquête que vos élèves ont besoin que vous soyez.

Pour vous aider dans votre parcours d'apprentissage, nous souhaitons démystifier les caractéristiques de l'enseignant enquêteur. Nous voulons clarifier les nuances dont font preuve les enseignants enquêteurs, la perspicacité qu'ils possèdent et l'état d'esprit qu'ils incarnent. Pendant que nous discutons de ces caractéristiques, réfléchissez à votre pratique d'enseignement. Lesquelles de ces caractéristiques possédez-vous déjà ? Lesquelles travaillez-vous à aiguiser ? Quelles sont celles que vous devez ajouter à votre répertoire ?

LES ENSEIGNANTS ENQUÊTEURS SONT JOYEUX

Les enseignants enquêteurs abordent leur pratique de manière ludique. Ils trouvent de la joie à apprendre et à faire, et ils partagent leur plaisir avec les autres. Par conséquent, ils cultivent un amour naturel de l'apprentissage chez leurs élèves. Leur pratique est fondée sur la pédagogie ludique, c'est-à-dire sur le fait de trouver de la joie dans la réflexion et la croissance de leur enseignement. Cet esprit ludique s'infiltre dans tout ce qu'ils font, influençant les attitudes qu'ils montrent à leurs élèves, même lorsqu'ils sont confrontés à des obstacles. Ils considèrent les défis comme des occasions de bricoler dans leur pratique et d'examiner les problèmes sous des angles différents.

LES ENSEIGNANTS ENQUÊTEURS ENSEIGNENT LENTEMENT

Les enseignants enquêteurs ne s'embourbent pas dans la couverture ou le contenu. Ils s'efforcent plutôt de ralentir l'apprentissage pour permettre d'approfondir la compréhension, de mieux soutenir leurs élèves et d'embrasser les curiosités, les passions et les intérêts de leurs apprenants. L'apprentissage n'est pas une liste d'objectifs ou de buts spécifiques à un contenu. L'apprentissage est un processus qui exige du temps pour une réflexion riche et significative ; il ne peut être lié ou confiné à des horaires de cloche et à des périodes de cours. Les enseignants enquêteurs le reconnaissent et adoptent un rythme plus lent dans leur pratique, prenant le temps d'observer et laissant ces observations guider leur enseignement. De même, ils aident les apprenants à prendre le temps d'observer leurs propres sentiments, émotions, réussites et défis dans leur apprentissage.

LES ENSEIGNANTS ENQUÊTEURS CONNAISSENT LEUR PROGRAMME D'ÉTUDES

Les enseignants enquêteurs connaissent parfaitement ce qu'ils aimeraient que leurs apprenants sachent. Leur compréhension approfondie du contenu et du programme d'études ainsi que de la destination prédéterminée de l'apprentissage leur donne une certaine liberté de création dans leur pratique. Ils sont créatifs dans les chemins qu'ils empruntent pour apprendre, dans les expériences d'apprentissage qu'ils favorisent, dans la manière dont ils cultivent les opportunités d'apprentissage pour leurs élèves et dans la manière dont ils intègrent les curiosités des élèves dans leur classe. Une compréhension approfondie de leur programme d'études sert de base à la poursuite de l'enquête avec leurs élèves.

LES ENSEIGNANTS ENQUÊTEURS CONNAISSENT LEURS ÉLÈVES

Les enseignants enquêteurs connaissent l'histoire, les passions, les intérêts et les objectifs de leurs élèves, et ils utilisent ces connaissances pour renforcer l'autonomie des apprenants. Ils aident leurs élèves à comprendre l'apprentissage et à identifier leurs propres besoins d'apprentissage. Les enseignants enquêteurs posent aux élèves des questions sur eux-mêmes afin que l'enseignant et l'élève puissent en apprendre davantage sur l'enfant dans son ensemble. Les enseignants enquêteurs créent des moments d'apprentissage qui appellent à la réflexion et au partage de soi. Ces occasions relient l'apprentissage à leur vie, établissant ainsi la pertinence et l'authenticité. Les enseignants enquêteurs planifient et travaillent activement à l'établissement d'une relation et d'une confiance, qui constituent la base du partage d'un apprentissage significatif tout au long de l'année. L'enseignant enquêteur aide les apprenants à faire le lien entre leurs histoires, leurs passions, leurs intérêts et leurs objectifs et le programme scolaire, en façonnant les moments et l'orientation de l'apprentissage.

LES ENSEIGNANTS ENQUÊTEURS RÉFLÉCHISSENT ET RÉVISENT AU FUR ET À MESURE

Les enseignants enquêteurs ont le don de réfléchir et de réviser pour mieux répondre aux besoins de leurs élèves. Pendant l'apprentissage, les enseignants enquêteurs sont très conscients de ce qui se passe autour d'eux. Ils prennent le temps de s'arrêter et d'écouter ; ils considèrent leurs apprenants comme des collaborateurs desquels ils peuvent apprendre pour mieux avancer. Ils repèrent les moindres indices et les utilisent pour définir leurs prochaines étapes. Les enseignants enquêteurs réfléchissent également à leur propre rôle dans la classe, en se posant constamment des questions pour guider leur pratique et éclairer leurs décisions. Ils réfléchissent à leurs propres actions, paroles, pensées et sentiments, et utilisent ces réflexions cumulatives pour réviser leur parcours afin de mieux répondre aux besoins de leurs élèves.

LES ENSEIGNANTS ENQUÊTEURS SORTENT POUR REVENIR À L'INTÉRIEUR

Les enseignants enquêteurs regardent au-delà de leur salle de classe pour trouver des possibilités d'apprentissage, tant pour leurs élèves que pour eux-mêmes. Comprenant que l'apprentissage se fait souvent en dehors de la salle de classe, ils se tournent vers leur communauté pour trouver des liens avec l'apprentissage et leur programme d'études et identifient des partenariats et des collaborations pour créer des expériences d'apprentissage riches et des occasions d'approfondir la compréhension. Ils ne voient pas de limites ou d'obstacles les empêchant d'accéder à ces partenariats ; ils rêvent en grand et agissent pour réaliser leurs rêves. Regardant au-delà de leur propre bâtiment pour influencer leur développement professionnel, ils participent à des réseaux d'apprentissage professionnel inspirants et sont souvent impliqués dans une enquête collaborative guidant leur pratique. En cherchant à apprendre en dehors de leurs propres salles de classe, ils reviennent mieux équipés pour l'enquête.

LES ENSEIGNANTS ENQUÊTEURS SONT CURIEUX

Les enseignants enquêteurs sont eux-mêmes curieux. La curiosité est au cœur de leurs activités, et ils démontrent et expriment quotidiennement leurs propres interrogations pour que leurs élèves les voient. Ils sont curieux et invitent leurs apprenants à poser des questions et à explorer. Ils cultivent la curiosité de leurs élèves par le biais de provocations et d'émerveillements, en montrant comment les questions inquisitrices peuvent générer des opportunités d'apprentissage. Dans les classes d'investigation, les questions forment une spirale pour façonner les leçons, orienter l'enseignement et encourager la réflexion critique et la révision, ce qui conduit à des questions encore plus profondes. Les élèves ont besoin de voir leurs enseignants comme des apprenants. Ils ont besoin de les voir se poser de grandes questions et essayer de nouvelles choses. Ils veulent voir des enseignants qui sont passionnés par les enfants et enthousiastes à l'idée d'apprendre.

LES ENSEIGNANTS ENQUÊTEURS SONT PASSIONNÉS

Les enseignants enquêteurs aiment la salle de classe. Ils sont passionnés par les enfants et par l'apprentissage. Leur énergie contagieuse allume une passion pour l'apprentissage chez leurs élèves, leurs collègues et leurs dirigeants. Les enseignants enquêteurs ne sont pas de simples transmetteurs du contenu ; au contraire, leur véritable amour de l'apprentissage et la compréhension qu'ils développent dans leur pratique ont un impact extrêmement positif sur leur classe. Ils personnifient l'apprentissage tout au long de la vie et, à ce titre, les expériences de leurs élèves les aident à créer une vision future de leur propre apprentissage. Leur passion pour l'apprentissage est inébranlable et se manifeste de nombreuses façons : le soin qu'ils apportent à la planification des expériences d'apprentissage, le tact avec lequel ils établissent des relations dans leur classe ou l'expertise dont ils font preuve pour susciter des interrogations. Tout cela est sous-tendu par une joie et un amour authentiques pour leurs apprenants et leur travail.

Si vous vous êtes embarqué dans ce voyage d'enquête avec nous, c'est parce que vous croyez en l'impact de la responsabilisation de l'apprentissage. Vous pensez que nos structures éducatives ont besoin d'une approche plus personnalisée, et le fait que vous lisiez ce livre nous indique que vous êtes prêt à prendre certains risques pour entreprendre la croissance professionnelle nécessaire pour s'assurer que vous adoptez avec succès la démarche d'enquête.

Avec ces objectifs en tête, nous vous encourageons à réfléchir aux caractéristiques d'un enseignant enquêteur, à votre enseignement et au type de classe que vous avez actuellement en utilisant notre outil de réflexion. Prenez le temps de réfléchir aux caractéristiques que vous possédez déjà, à celles que vous cherchez à affiner et à celles que vous devez ajouter à votre répertoire. Réfléchissez à chacune des questions et répondez par autre chose qu'un simple oui ou non. Réfléchissez à la manière dont ces caractéristiques apparaissent dans votre enseignement. Soyez explicite sur la façon dont vous démontrez ces comportements au quotidien dans votre pratique. Évaluez-vous sur une échelle: Où vous situez-vous actuellement entre le novice et le maître de l'enquête ?

Les enseignants enquêteurs sont joyeux
NOVICE ←1 2 3 4 5 → MAÎTRE

- Comment êtes-vous joyeux ?
- Comment cultivez-vous un amour naturel pour l'apprentissage ?
- Comment pratiquez-vous une pédagogie ludique en essayant de nouvelles choses dans votre pratique ?

Les enseignants enquêteurs enseignent lentement
NOVICE ←1 2 3 4 5 → MAÎTRE

- Comment enseignez-vous lentement ?
- Êtes-vous plus soucieux d'aider vos élèves à devenir des maîtres de l'apprentissage ou plus soucieux de couvrir le contenu ?
- Comment laissez-vous l'apprentissage se dérouler et s'épanouir à un rythme qui favorise l'autonomie de vos apprenants ?

Les enseignants enquêteurs connaissent leur programme d'études
NOVICE ←1 2 3 4 5 → MAÎTRE

- Connaissez-vous bien votre programme scolaire?
- Comment pouvez-vous cultiver une compréhension plus profonde de ce que vous aimeriez que vos apprenants comprennent ?
- Comment pouvez-vous relier de façon créative les passions, les intérêts et les interrogations des apprenants à votre programme ?
- Comment ressentez-vous un sentiment de liberté lorsque vous réfléchissez à votre programme ?

Les enseignants enquêteurs connaissent leurs élèves
NOVICE ←1 2 3 4 5 → MAÎTRE

- Dans quelle mesure connaissez-vous vos élèves ?
- Connaissez-vous bien leurs histoires, leurs passions, leurs intérêts et leurs curiosités ?
- Connaissez-vous bien leurs besoins d'apprentissage et leur donnez-vous les moyens de les comprendre également ?
- Comment planifiez-vous activement l'établissement de relations et de confiance dans votre classe ?

Les enseignants enquêteurs réfléchissent et révisent en cours de route
NOVICE ←1 2 3 4 5 → MAÎTRE

- Comment réfléchissez-vous et révisez-vous au fur et à mesure ?
- Comment modifiez-vous votre pratique pendant l'apprentissage et en dehors de l'apprentissage ?
- Comment vos interrogations et vos observations guident-elles votre pratique et éclairent-elles vos décisions ?

Les enseignants enquêteurs vont à l'extérieur pour revenir à l'intérieur
NOVICE ←1 2 3 4 5 → MAÎTRE

- Comment faites-vous pour «sortir» et revenir à l'intérieur ?
- Comment êtes-vous un éducateur connecté ?
- Qui fait partie de votre réseau d'amis critiques qui remettent en question votre compréhension et soutiennent votre croissance ?

Les enseignants enquêteurs sont curieux
NOVICE ←1 2 3 4 5 → MAÎTRE

- En quoi êtes-vous un enseignant curieux ?
- Comment partagez-vous vos curiosités et vos interrogations ?
- Comment modélisez-vous activement vos questions pour vos apprenants par des jeux de rôle, des provocations et vos propres curiosités ?

Les enseignants enquêteurs sont passionnés
NOVICE ←1 2 3 4 5 → MAÎTRE

- En quoi êtes-vous un éducateur passionné ?
- Comment démontrez-vous votre amour de la classe et de l'apprentissage à vos élèves ?
- Comment êtes-vous un apprenant permanent ?
- Comment trouvez-vous la joie dans votre rôle d'enseignant ?

Gardez cette réflexion tout au long de votre lecture du livre. Prenez note des grandes idées, des structures de soutien, des ressources et des exemples authentiques que nous incluons, et réfléchissez aux moyens de les utiliser pour améliorer les domaines dans lesquels vous devez vous développer et enrichir les domaines dans lesquels vous êtes déjà fort. L'apprentissage par l'enquête peut être compliqué, pour les enseignants comme pour les élèves! Ainsi, lorsque les choses vous semblent incertaines ou même effrayantes, nous voulons vous encourager à rester ferme dans votre engagement à devenir l'enseignant dont vos élèves ont besoin. Laissez cette question essentielle vous guider tout au long de votre lecture : *Comment allez-vous entrer dans la classe après avoir terminé votre lecture de en tant qu'enseignant différent et plus complet que jamais ?*

Chaque fois que vous posez une question et que vous faites une découverte, vous affinez votre propre mentalité d'enquête.

Comment allez-vous entrer dans la classe après avoir terminé votre lecture de « Mentalité d'enquête » en tant qu'enseignant différent et plus complet que jamais ?

#MENTALITEDENQUETE EN ACTION

Après avoir terminé la réflexion, partagez avec notre communauté #mentalitedenquete quelques-unes des forces que vous avez identifiées en tant qu'enseignant enquêteur. Où avez-vous reflété les traits de caractère et la compréhension les plus forts? Incluez une ressource, une activité, un outil ou un détail pour aider les membres de notre communauté #mentalitedenquete à améliorer leur propre état d'esprit. Par exemple, si vous avez obtenu un score élevé dans la catégorie enseignants enquêteurs connaissant leurs élèves, quelle ressource, quelle activité, quel outil ou quel détail pouvez-vous partager pour aider les autres lecteurs à progresser dans ce domaine ?

10 RAISONS D'UTILISER L'APPRENTISSAGE PAR ENQUÊTE

Après que j'ai écrit « *Dive into Inquiry* », mon amie et collègue Sylvia Duckworth et moi-même avons collaboré à un sketch intitulé « 10 raisons d'utiliser l'apprentissage par enquête ». Lorsque nous avons lancé ce projet, nous voulions informer et inspirer les éducateurs sur les raisons pour lesquelles l'enquête est une pédagogie si puissante. Nous espérions également encourager les enseignants à réfléchir à leur propre pratique et à voir comment ils pourraient apporter des changements afin d'amplifier véritablement l'apprentissage et de permettre aux élèves de s'exprimer. La réponse à notre sketch a été fantastique ; des choses étonnantes se produisent lorsque des images, des symboles et de l'art sont appliqués à des idées et des concepts.

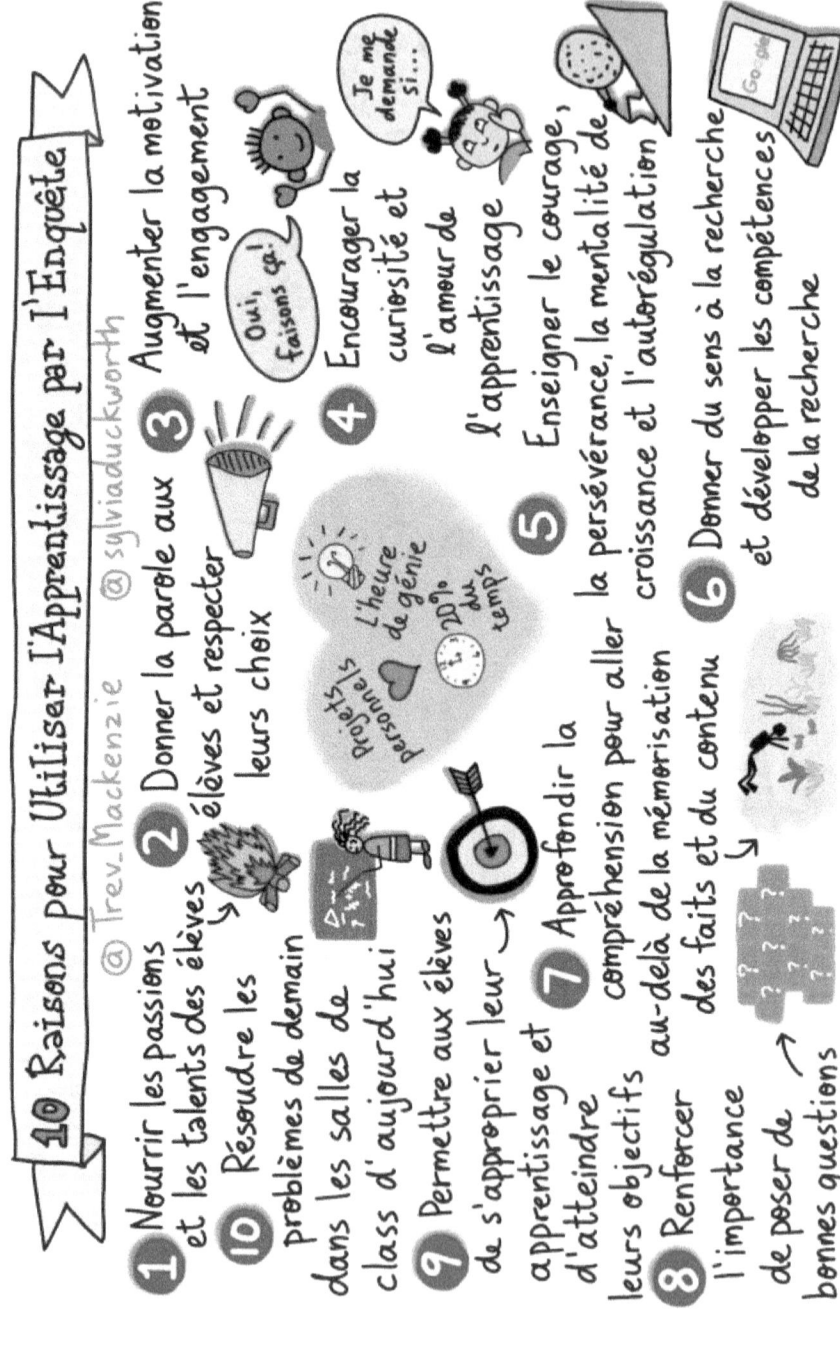

10 Raisons Pour Utiliser l'Apprentissage par l'Enquête

@ Trev_Mackenzie   @sylviaduckworth

1 Nourrir les passions et les talents des élèves

2 Donner la parole aux élèves et respecter leurs choix

3 Augmenter la motivation et l'engagement

4 Encourager la curiosité et l'amour de l'apprentissage

5 Enseigner le courage, la persévérance, la mentalité de croissance et l'autorégulation

6 Donner du sens à la recherche et développer les compétences de la recherche

7 Approfondir la compréhension pour aller au-delà de la mémorisation des faits et du contenu

8 Renforcer l'importance de poser de bonnes questions

9 Permettre aux élèves de s'approprier leur apprentissage et d'atteindre leurs objectifs

10 Résoudre les problèmes de demain dans les salles de class d'aujourd'hui

Je me demande si....

Oui, faisons ça!

L'heure de génie

20% du temps

projets personnels

Google

Rebecca et moi avons utilisé ce sketch d'innombrables fois en travaillant pour aider les éducateurs à intégrer la démarche d'enquête dans leur pratique. Il s'agit d'un excellent point de départ pour l'apprentissage lorsque nous invitons les enseignants à réfléchir à leurs propres pratiques et à considérer leurs propres salles de classe. Au cours des ateliers et des séances de formation, nous demandons toujours : «Desquelles de ces dix raisons serions-nous témoins si nous visitions votre école et vous observions enseigner?»

Maintenant, nous aimerions vous poser la même question. Jetez un coup d'œil au sketch et réfléchissez à la façon dont (ou si) votre enseignement reflète les dix raisons ou avantages de l'enquête. Y en a-t-il que vous faites mieux que d'autres ? Y en a-t-il qui nécessitent plus d'attention et de soutien de votre part ? Soyez précis lorsque vous décrivez ce que vous faites pour favoriser ces avantages dans votre pratique, les nourrir et les intégrer à votre culture d'apprentissage.

Vos apprenants ont-ils l'impression que tout est possible lorsqu'ils viennent en classe ? Ils le devraient.

NOURRIR LES PASSIONS ET LES TALENTS DES ÉLÈVES

Vous connaissez les passions et les talents de vos élèves et vous les intégrez dans votre classe. Vous pouvez parler de chaque apprenant et décrire ce que chacun aime faire. Vous connaissez votre programme d'études; vous connaissez votre domaine d'enseignement. Vous vous sentez à l'aise pour aider vos apprenants à démontrer leur compréhension du programme en partageant ce qu'ils aiment. Vous nourrissez ces passions et ces talents en aidant vos élèves à les explorer plus en profondeur au cours du temps que vous passez ensemble.

DONNER LA PAROLE AUX ÉLÈVES ET RESPECTER LEURS CHOIX

Vous aidez vos élèves à comprendre leurs besoins d'apprentissage et à y mettre des mots. Vous renforcez l'autonomie de vos élèves en leur permettant de s'exprimer. Vos élèves contribuent à façonner la culture et l'orientation de l'apprentissage dans votre classe, et vous leur offrez des possibilités d'apprentissage de différentes manières et à différents moments. Les élèves se sentent responsabilisés, confiants et capables de réussir parce qu'ils savent que vous leur offrez la flexibilité et les options nécessaires pour répondre à leurs besoins d'apprentissage.

AUGMENTER LA MOTIVATION ET L'ENGAGEMENT

Les élèves ont hâte de venir dans votre classe, et ils aiment votre cours. Ils sont motivés pour apprendre et s'engagent réellement en classe. Ils pensent que l'apprentissage est pertinent et transcende le temps que vous passez avec vos élèves. Les élèves essaient de nouvelles choses, sont pleins d'énergie dans votre classe et, pour la plupart, sont à la tâche.

ENCOURAGER LA CURIOSITÉ ET L'AMOUR DE L'APPRENTISSAGE

Les curiosités et les intérêts de vos élèves ont leur place dans votre classe et sont explorés de manière significative. Vous démontrez que l'apprentissage ne commence pas toujours avec vous ; leurs curiosités peuvent aussi montrer la voie. Vous aidez vos élèves à établir des liens entre leurs curiosités et leurs intérêts, votre programme et votre évaluation de leur apprentissage.

ENSEIGNER LE COURAGE, LA PERSÉVÉRANCE, LA MENTALITÉ DE CROISSANCE ET L'AUTORÉGULATION.

Vos élèves ne se laissent pas abattre lorsqu'ils manquent leurs objectifs. Ils considèrent ces moments d'apprentissage comme des occasions de s'améliorer, et non comme des lacunes ou des échecs. Ils savent comment réfléchir et réviser pour s'améliorer. Vos élèves ne se laissent pas abattre; ils peuvent être abattus, mais ils rebondissent toujours.

DONNER DU SENS À LA RECHERCHE ET DÉVELOPPER LES COMPÉTENCES DE LA RECHERCHE

Vos élèves sont doués pour la recherche ; ils savent comment trouver des informations riches, pertinentes et précises. Ils savent faire la différence entre une recherche sur Wikipédia, sur Google et, pour les élèves plus âgés, sur une base de données académique telle qu'EBSCO. Ils savent comment trouver des ressources dans votre classe et à la bibliothèque de votre école. Vous donnez du sens au processus de recherche en établissant un lien explicite entre ce que les élèves recherchent et les raisons pour lesquelles ils le font. Vos élèves ont une bonne maîtrise du numérique.

APPROFONDIR LA COMPRÉHENSION POUR ALLER AU-DELÀ DE LA MÉMORISATION DES FAITS ET DU CONTENU.

Vous vous concentrez sur les grandes idées dans votre classe, qui guident votre enseignement et façonnent les possibilités d'apprentissage de vos élèves. La compréhension des concepts est le moteur de vos unités d'étude et de vos contenus, et les faits prennent vie et sont pertinents pour vos élèves parce que vous les reliez à ces grandes idées. Vos élèves peuvent communiquer les grandes idées.

 Si les élèves jettent le contenu de leur classeur à la poubelle à la fin de l'année scolaire, nous n'avons pas fait notre travail. L'apprentissage pertinent ne se jette pas à la poubelle.

RENFORCER L'IMPORTANCE DE POSER DE BONNES QUESTIONS

Les questions jouent un rôle important dans votre classe. Vous donnez aux apprenants le temps et le soutien nécessaires pour s'attaquer aux questions et les explorer en utilisant une variété de sources et de moyens. L'apprentissage commence par une question, qu'il s'agisse de la vôtre ou de celle de vos élèves. Vos élèves connaissent la différence entre les questions fermées et ouvertes, et vous discutez des deux dans votre classe.

PERMETTRE AUX ÉLÈVES DE S'APPROPRIER LEUR APPRENTISSAGE ET D'ATTEINDRE LEURS OBJECTIFS.

Vous partagez la propriété de l'apprentissage avec vos élèves. Vos apprenants partagent librement leurs idées et, parfois même, dirigent leurs camarades ou leur enseignent . Les élèves se fixent des objectifs, s'efforcent de les atteindre, et réfléchissent et révisent leur parcours d'apprentissage pour s'aider à atteindre leur cible.

RÉSOUDRE LES PROBLÈMES DE DEMAIN DANS LES SALLES DE CLASSE D'AUJOURD'HUI

Les élèves acquièrent les compétences du XXIe siècles qui sont nécessaires pour devenir les résolveurs de problèmes, les penseurs critiques et les innovateurs inspirés dont notre monde a besoin. La communication, la collaboration, la créativité et la pensée critique sont discutées, utilisées et entretenues dans votre classe. Les élèves voient l'apprentissage dans votre salle de classe comme des idées, des problèmes et des défis exigeant leur voix et leur expertise.

Vous avez maintenant identifié les preuves actuelles de la démarche d'enquête dans votre classe et vous avez probablement mis le doigt sur quelques domaines à améliorer. Cette connaissance rendra « *La mentalité d'enquête* » d'autant plus personnel pour vous que vous réfléchirez à la façon de réaliser la classe d'enquête que vous souhaitez créer. Avec la réflexion que vous avez menée dans le chapitre précédent, vous avez créé un plan directeur pour votre développement professionnel en adoptant l'esprit d'enquête. Gardez ce plan à l'esprit pendant votre lecture et revoyez vos réflexions au fur et à mesure que vous lisez et que vous revenez à votre pratique pour apporter des changements et des ajouts conscients à votre art.

#MENTALITEDENQUETE EN ACTION

Après avoir réfléchi au sketch sur les *10 raisons d'utiliser l'apprentissage basé sur l'enquête*, partagez quelques-unes des raisons qui existent actuellement dans votre enseignement et comment vous les encouragez chaque jour dans votre classe. Par exemple, si vous avez identifié le **renforcement de l'importance de poser de bonnes questions** comme une caractéristique existante dans votre classe, que faites-vous pour vous assurer activement que cela se produit ?

Nos lecteurs auront maintenant accès à une gamme variée de ressources, d'activités et d'idées puissantes qu'ils pourront utiliser pour accélérer l'adoption de la démarche d'enquête dans leur pratique. Jetez un coup d'œil à ce que les autres ont partagé et réfléchissez à la façon dont vous pouvez utiliser ces ressources pour accélérer votre propre croissance tout au long de votre lecture. N'oubliez pas qu'en matière de recherche, nous sommes tous meilleurs ensembles !

LE CYCLE D'ENQUÊTE

Partager le processus d'apprentissage avec nos élèves–céder progressivement le contrôle de l'apprentissage de l'enseignant à l'élève–et laisser les élèves suivre leurs passions, leurs curiosités et leurs interrogations sont des avantages uniques offerts par la démarche d'enquête. L'amélioration des compétences du XXIe siècle et la facilitation d'un apprentissage authentique sont des raisons puissantes pour adopter le modèle d'enquête. Mais de l'extérieur, la classe basée sur l'enquête peut sembler écrasante, non traditionnelle et, parfois même, désordonnée. L'idée d'avoir une classe entière de jeunes apprenants engagés dans une démarche d'enquête peut être décourageante pour ceux qui ne sont pas habitués aux structures et aux processus utilisés par l'enseignant enquêteur.

Dans ce chapitre, nous vous proposons des étapes claires et accessibles pour vous aider à tracer votre propre parcours de recherche. Vous pouvez aider vos apprenants en préparant et en planifiant votre démarche d'enquête de manière réfléchie. Le processus que nous pratiquons dans nos salles de classe vous aide à tirer le meilleur parti de l'adoption de la démarche d'enquête comme la vôtre. Que vous

vous trouviez dans la partie structurée de la démarche d'enquête, en planifiant toutes ces phases dans leur intégralité, ou que vous vous trouviez dans la partie libre de la démarche, dans laquelle vos élèves créent leurs propres questions essentielles et ont plus d'agentivité dans leurs recherches, les phases du cycle d'enquête décrites ici vous aideront à réussir.

> Partager le processus d'apprentissage avec nos élèves-céder progressivement le contrôle de l'apprentissage de l'enseignant à l'élève-et laisser les élèves suivre leurs passions, leurs curiosités et leurs interrogations sont des avantages uniques offerts par la démarche d'enquête.

Pour vous aider à réussir votre enquête, lorsque vous planifiez votre propre unité d'étude, gardez trois éléments spécifiques à l'esprit : vos apprenants, votre programme et votre évaluation.

GARDEZ VOS APPRENANTS À L'ESPRIT

Comme nous l'avons dit précédemment, les enseignants enquêteurs connaissent leurs élèves. Comprendre les besoins, les histoires et les interrogations de leurs élèves permet à l'enseignant enquêteur de planifier efficacement les expériences d'apprentissage et les unités d'étude. Réfléchissez aux compétences et à la compréhension que vos élèves ont acquises tout au long de l'année scolaire et à la façon dont elles peuvent soutenir l'enquête que vous entreprenez. Réfléchissez à leurs intérêts et à leurs curiosités et à la façon dont ils pourraient être explorés de manière plus significative dans le cadre de votre programme. Et réfléchissez aux défis qui pourraient se présenter à chacun de vos apprenants dans le cadre de l'enquête que vous planifiez. Cette réflexion concernant vos élèves vous aidera à mieux répondre à leurs besoins d'apprentissage uniques.

GARDEZ VOTRE PROGRAMME D'ÉTUDES À L'ESPRIT

Réfléchissez aux objectifs du programme scolaire que vous souhaitez que les élèves explorent au cours de votre enquête. Identifiez précisément ce que vous espérez que vos élèves apprennent tout au long de cette unité d'étude. Identifiez les artéfacts, les provocations, les expériences d'apprentissage et les ressources que vous allez intégrer à l'enquête pour soutenir l'apprentissage de vos élèves. Et réfléchissez à la façon dont cette unité d'étude soutient la croissance et l'apprentissage collectif que vous avez prévus pour vos élèves pour toute l'année scolaire.

GARDEZ VOTRE ÉVALUATION À L'ESPRIT

Enfin, déterminez comment vous allez évaluer la compréhension tout au long de l'apprentissage (évaluation formative) et à la fin de l'unité d'étude (évaluation sommative). Ces décisions peuvent être basées sur les aptitudes et les compétences que vos apprenants doivent connaître et démontrer ou sur les objectifs d'apprentissage que vous n'avez pas encore évalués. De plus, ces décisions peuvent être basées sur la façon dont vos apprenants veulent démontrer leur compréhension. En permettant aux étudiants de choisir la manière dont ils souhaitent démontrer leur apprentissage, nous leur permettons d'exploiter leurs forces, leurs intérêts et leurs styles d'apprentissage. Lorsque les élèves ont le contrôle de l'évaluation, l'enseignant bénéficie d'une compréhension plus claire de ce que l'élève a appris. L'anxiété et les inquiétudes qui surgissent pendant l'évaluation disparaissent au profit de la confiance, de la clarté et de l'engagement.

> Lorsque les élèves choisissent la manière dont ils souhaitent montrer leur apprentissage, ils exploitent leurs points forts, leurs intérêts et leurs styles d'apprentissage. Des choses étonnantes se produisent.

10 PHASES DU CYCLE D'ENQUÊTE

1. Déterminez votre objectif
2. Commencez par une question essentielle
3. Remue-méninges sur les questions
4. Remue-méninges sur les sous-thèmes
5. Sélectionnez un sous-thème
6. Accéder aux connaissances antérieures
7. Identifier les interrogations
8. Recherche
9. Établir des liens entre les disciplines
10. Exécuter, réfléchir et réviser

Nous avons décomposé chaque phase et inclus un exemple d'étude pour illustrer ce à quoi cela pourrait ressembler dans votre classe.

Phase 1 : Déterminer votre objectif

Considérez les quatre piliers de l'enquête, qui sont expliqués plus en détail au chapitre 6. Les quatre piliers représentent de puissants points d'entrée dans la recherche. Déterminez lequel de ces piliers–Explorer une passion, Viser un objectif, Fouiller dans ses curiosités et Relever un nouveau défi–orientera votre enquête. Votre enquête sera peut-être liée à des curiosités, un objectif ou un résultat, une passion ou un défi. Il est essentiel de le déterminer d'abord lorsque vous examinez l'ensemble de l'unité d'étude et que vous planifiez les artéfacts, les provocations, les expériences d'apprentissage et les ressources que vous allez intégrer à l'expérience en classe. Envisagez d'utiliser une provocation pour susciter des questions, attiser la curiosité et façonner votre enquête. Les provocations sont des images, des vidéos ou des artéfacts qui sont utilisés pour inciter les apprenants à s'interroger. Les provocations sont abordées plus en détail au chapitre 11.

> **Exemple d'étude** : *Les animaux (Le sujet que vous avez choisi peut venir des curiosités des élèves et du programme d'études).*

Phase 2 : Commencez par une question essentielle

Commencez vos enquêtes, unités et leçons par une question essentielle. Selon le type d'enquête que vous planifiez, cette question peut venir de vous ou de vos apprenants. Le fait d'encadrer votre unité d'étude par une question essentielle permet à vos élèves de participer à une expérience d'apprentissage entièrement différente–une expérience dans laquelle ils sont véritablement engagés et capables d'explorer une riche variété de ressources et qui, au fil du temps, transfère progressivement le contrôle de l'apprentissage de l'enseignant à l'apprenant.

Exemple d'étude : *Comment les animaux survivent-ils ?*

Phase 3 : Remue-méninges de questions

Le remue-méninges permet d'explorer d'autres questions liées à la question essentielle. En créant une liste de sous-questions, vous et vos élèves aurez une idée plus précise de la direction que prendra votre enquête. Ces questions vous aideront à formuler vos plans de recherche et à déterminer les autres artéfacts et ressources que vous devrez explorer avec vos élèves.

Nous aimons cette phase car elle s'appuie sur la curiosité et la voix des élèves ; ils proposent toujours des questions, des idées et des angles qui dépassent nos imaginations les plus folles. Lorsque cela est nécessaire, nous présentons des sous-questions à nos élèves afin de modéliser le processus de remue-méninges pour eux et de nous assurer que notre plan d'enquête mène aux objectifs du programme scolaire que nous souhaitons explorer pour une unité d'étude particulière.

Exemple d'étude : *Que mangent les animaux ? Que font les animaux au cours des différentes saisons ? Comment les animaux se protègent-ils ? Quels animaux nous intéressent ?*

Phase 4 : Remue-méninges sur les sous-thèmes

Après avoir identifié les questions avec vos élèves, concentrez-vous sur les sous-thèmes. Demandez aux élèves d'identifier les schémas ou les tendances qui se dégagent des questions précédemment débattues. Créez ensuite des titres pour les sous-thèmes identifiés.

Rappelez aux élèves qu'il n'y a pas de problème si notre enquête change en fonction des intérêts et des idées qui émergent de vos discussions en classe et de vos recherches. Cette phase est passionnante !

Il est important que les élèves sentent qu'ils ont un véritable impact sur vos plans de l'enquête. Au fur et à mesure qu'ils expriment leurs intérêts et leurs interrogations et que vous les ajoutez à votre unité d'enquête, vos élèves éprouveront un sentiment d'appartenance, d'utilité et d'orientation–des ajouts puissants à la classe !

Allez là où l'enquête vous mène. Suivez vos curiosités. Suivez les nouvelles compréhensions. Elles vous mèneront vers de nouvelles destinations inattendues et passionnantes.

Exemple d'étude : *Pour encourager les élèves à se renseigner sur les animaux et leur mode de survie, proposez-leur quatre ou cinq animaux différents sur lesquels ils pourront se concentrer. Parmi ces animaux, les élèves peuvent ensuite choisir celui qu'ils trouvent le plus intéressant. L'objectif de chaque apprenant est de découvrir comment l'animal qu'il a choisi survit et s'adapte aux différentes saisons.*

Phase 5 : Sélectionner un sous-thème

Regardez ensemble la liste de sous-thèmes issue du remue-méninges et invitez les apprenants à choisir le sujet qui les intéresse le plus. Répartissez les élèves en groupes en fonction de leurs choix.

Nous pouvons suggérer que les élèves choisissent leurs deux premiers choix afin de nous donner la flexibilité nécessaire pour que la taille des groupes soit la plus homogène possible tout en respectant les choix des étudiants. Des groupes de taille homogène favorisent le partage des outils de recherche et des livres et permettent des collaborations solides.

Exemple d'étude: *Cinq élèves choisissent les ours, cinq les coyotes, sept les colibris et quatre les saumons.*

Phase 6 : Accès aux connaissances antérieures

Les élèves travaillent en petits groupes pour rassembler le plus d'informations possible sur le sujet choisi. Nous appelons cela créer des listes de «Ce que nous savons». Demandez-leur de noter leurs idées et leurs connaissances actuelles sur le tableau blanc ou dans leur journal d'enquête. Vous pouvez également demander aux élèves de partager leurs remue-méninges à l'aide d'un outil numérique tel que Padlet. Cela vous permettra d'ajouter de manière transparente ces riches artéfacts d'apprentissage à leurs portfolios numériques.

Exemple d'étude: *Les élèves peuvent énumérer des choses telles que «Je sais que les ours peuvent... hiberner, attraper des saumons et rester au chaud grâce à leur épaisse fourrure.»*

Phase 7 : Identifier les interrogations

Invitez les apprenants à revoir leurs listes de faits et d'idées et à partager leurs questions ou leurs interrogations. Vous pouvez inciter les jeunes apprenants à poser des questions telles que : Qu'est-ce qui manque ? Sur quoi aimeriez-vous en savoir plus ? Que vous demandez-vous à propos de ce sujet ? Si vous pouviez apprendre quelque chose d'autre sur votre sujet, qu'est-ce que ce serait ? Le plus souvent, les élèves identifient leurs propres interrogations–ce qu'ils vont explorer en tant que partie individuelle de l'enquête du groupe. Certains groupes peuvent identifier une question qu'ils veulent explorer ensemble.

Exemple d'étude : *Je me demande si les ours ont faim pendant l'hibernation. Je me demande si les ours ont un bon sens de l'odorat. Les ours restent-ils ensemble en meute comme les loups ?*

Phase 8 : Recherche

Une fois que vos élèves ont créé leurs listes de « Ce que nous savons » et partagé leurs interrogations, il est temps d'entamer la phase de recherche du parcours d'enquête. En général, les groupes font des recherches sur différents sujets en même temps.

Pour soutenir nos apprenants dans cette expérience d'enquête personnelle, nous leur fournissons des outils et un processus qui les aident à rester organisés.

Nous donnons à nos jeunes apprenants un livret de recherche dans lequel ils notent ce qu'ils apprennent. Le livret, d'environ huit demi-pages, contient plusieurs incitations à la recherche, au questionnement et à l'apprentissage. Nous proposons que nos jeunes apprenants documentent leurs recherches par des illustrations, en utilisant les sons initiaux des mots pour étiqueter les objets dans leurs illustrations. L'ajout d'un ou deux mots ou de pensées et d'interrogations complètes rédigées par un adulte peut être très efficace.

Nous vous invitons à développer ce concept en fonction de l'âge et de la maturité de vos élèves. Au lieu d'un livret d'une demi-page, utilisez des livres de recherche plus grands ou des versions numériques sur Google Slides. Commencez par une page de titre, prévoyez de l'espace pour que les élèves puissent illustrer et écrire sur leurs merveilles, et incluez divers messages-guides. Voici quelques-unes de nos questions préférées :

- Décris l'apparence de [ton sujet] et identifie ses parties.
- Que fait [votre sujet] ?

- Quels changements subit [votre sujet] en raison de l'environnement ?
- Quels sont les besoins de [ton sujet] ?
- Quels faits uniques avez-vous découverts concernant [votre sujet] ?

Ces questions s'adaptent facilement à n'importe quel sujet d'enquête et reflètent les caractéristiques importantes–les informations à connaître–d'une enquête spécifique.

Chaque élève utilise un cahier de recherche, quel que soit son sujet. Nous avons tendance à progresser ensemble dans la recherche ; les élèves sont toujours à la même page de leur livret, que nous utilisions des livres de ressources documentaires, Kiddle (un moteur de recherche visuel pour enfants), des sites Web adaptés aux enfants ou des fiches de recherche (présentés au chapitre 8).

Plus tôt dans ce chapitre, nous vous avons encouragé à réfléchir à vos élèves, à votre programme et à votre évaluation et nous vous avons demandé d'identifier vos buts d'apprentissage et vos objectifs pédagogiques, vos provocations et vos ressources, ainsi que vos outils d'évaluation formative et sommative. Pendant la phase de recherche, gardez à l'esprit la planification de cette unité d'enquête initiale. Intégrez les artéfacts des élèves dans le parcours d'enquête pour vous assurer qu'ils apprennent ce que vous aviez prévu. Réfléchissez et révisez tout au long de cette phase pour vous assurer que chaque élève acquiert la compréhension et les compétences souhaitées. Différenciez et étayez si nécessaire pour mieux soutenir les apprenants qui peuvent avoir besoin de plus de temps et d'attention que les autres.

Exemple d'étude : *Les questions que nous utilisons pour notre cahier de recherche sur les études de cas portent sur les besoins, l'apparence, l'habitat, les changements* *saisonniers et la façon dont tous ces éléments affectent la vie de l'animal.*

Phase 9 : Établir des liens entre les disciplines

Une fois la phase de recherche entamée, pensez à introduire de nouvelles provocations pour voir quelles autres questions, interrogations et curiosités pourraient être suscitées par votre enquête.

Nous recherchons activement des occasions d'entretenir des liens avec d'autres disciplines que nous étudions. Ces liens naturels entre les disciplines transcendent les disciplines et les sujets et aident nos apprenants à comprendre la richesse de l'interconnexion de tous les éléments de notre monde. Que les élèves participent à une expérience scientifique découverte sur Pinterest, à un journal de réflexion sur leur apprentissage en langues, à une promenade dans la nature et à une activité de cartographie en sciences sociales, ou à un jeu de gymnastique imitant l'écholocation des chauves-souris, un seul sujet lié aux animaux peut mener à de nombreuses expériences d'apprentissage riches.

Exemple d'étude : *À partir des recherches et des observations des groupes, utilisez le comportement de leurs animaux pour créer un jeu amusant et interactif pour le cours de gym ou l'activité physique. Mettez chaque groupe au défi de concevoir son propre jeu et de l'enseigner à la classe.*

Phase 10 : Exécuter, réfléchir et réviser

Le partage de la compréhension est la dernière phase du parcours d'enquête. Donnez à vos élèves l'occasion de recevoir un retour d'information formatif tout au long de ce processus, et donnez-leur les moyens de s'auto-évaluer. Prévoyez du temps pour réfléchir et réviser avant et après la démonstration de leur compréhension. Soyez attentif à ces structures de soutien et réfléchissez aux moyens de permettre aux élèves de se développer et de s'améliorer tout au long de l'unité d'enquête. Envisagez d'intégrer une démonstration publique de la compréhension au cours de cette phase afin d'élargir le public témoin de l'apprentissage étonnant des élèves ainsi que du travail acharné et de la détermination dont ils ont fait preuve. Nous expliquons quelques façons de le faire au chapitre 10.

> **Exemple d'étude** : *Des groupes d'élèves créent des peintures murales pour illustrer ce dont leurs animaux ont besoin pour survivre (habitat, nourriture, protection, etc.). Pensez à prévoir un espace pour les grandes fresques ou des panneaux d'affichage pour les fresques réalisées par de petits groupes.*

#MENTALITEDENQUETE EN ACTION

Au début de ce chapitre, nous vous avons demandé de **ne pas perdre de vue vos apprenants, votre programme et votre évaluation**. Ces conseils vous aideront à planifier l'enquête dans votre classe. Réfléchissez aux leçons et aux unités d'apprentissage que vous avez réalisées dans le passé ou que vous avez prévues pour vos élèves dans un avenir proche. Y a-t-il quelque chose qui, moyennant une légère modification ou révision, pourrait s'inscrire dans le cadre du cycle d'enquête ? En réfléchissant à ce chapitre, nous vous mettons au défi d'apporter ces modifications et révisions, de mettre votre plan de recherche en action et de partager ce processus avec notre communauté *#MENTALITEDENQUETE*.

TYPES D'ENQUÊTE
DES ÉLÈVES

Lorsque j'ai (Trevor) adopté pour la première fois une démarche d'enquête dans ma classe, j'ai découvert que lorsque les élèves explorent un sujet qui les passionne vraiment, des choses étonnantes se produisent : l'engagement augmente, l'assiduité et l'éthique du travail s'améliorent, les compétences du XXIe siècle sont acquises, l'énergie et la collaboration dans la classe sont encouragées et mon évaluation de la compréhension des élèves devient plus claire et précise.

Une première expérience avec un élève en recherche m'a convaincu que j'étais sur la bonne voie. Il s'appelait Chris.

Chris était un élève timide et introverti dans ma classe d'anglais de dernière année. Pendant tout le cours, je n'ai vu Chris lever la main qu'une seule fois pendant une discussion en classe, et c'était pour demander la permission d'utiliser les toilettes. Il n'aimait pas partager, et n'avait certainement pas l'air d'un élève confiant. Mais lorsque le moment est venu d'explorer une passion sous la forme d'un projet d'enquête libre, Chris m'a montré une facette de lui dont j'ignorais l'existence.

Chris était un lecteur avide de romans fantastiques et un artiste passionné. Pour son projet d'enquête libre, Chris a étudié la question essentielle suivante : comment le symbolisme peut-il permettre au lecteur de mieux comprendre le thème d'une série de romans fantastiques ? Chris a décidé de démontrer sa compréhension sous la forme d'une collection de peintures qu'il allait créer et présenter avec notre classe. Son plan pour cette présentation était minutieux. Il devait réaliser douze peintures pour les quatre romans qu'il a étudiés. Il rédigerait une déclaration d'artiste présentant à son public l'objectif et la portée de sa collection. Chaque peinture serait accompagnée d'une courte description écrite expliquant comment Chris a découvert le symbolisme dans ses lectures et comment le symbolisme est représenté dans chaque peinture. Il a ensuite dirigé ses camarades de classe vers une période de questions-réponses pour conclure sa présentation.

Lorsque le jour de la présentation de Chris est arrivé, nous avons tous été stupéfaits par ses talents. Tout d'abord, Chris a parlé avec assurance de sa collection. Il connaissait son sujet et aimait manifestement partager ses recherches. Chris a parlé pendant sa présentation davantage que pendant tout le reste du cours. Parler de quelque chose qui l'intéressait et le passionnait a fait toute la différence dans la confiance de Chris. Deuxièmement, son œuvre d'art était enchanteresse. Dire qu'il était un «bon artiste» serait un euphémisme. Chaque peinture était unique dans sa représentation du symbolisme, mais l'ensemble de la collection possédait de puissantes synergies d'une pièce à l'autre. La classe a été captivée par sa présentation.

Pendant la partie questions-réponses de la présentation, un élève a demandé à Chris comment il était devenu un artiste aussi fort. La réponse de Chris nous a tous époustouflés. Il a raconté que pendant ses premières années d'école, il n'a pas parlé. De la maternelle à la première et deuxième années, Chris n'a pas dit un seul mot à l'école. Au lieu de cela, il a dessiné dans ses cahiers. Pendant trois années consécutives, il a griffonné et dessiné plutôt que d'écrire ou de parler. Au début de la troisième année, Chris a passé des tests avec un conseiller scolaire, et on a découvert qu'il était dyslexique. Le dessin de Chris était un mécanisme d'adaptation dans son monde d'incertitude. Comme il ne comprenait pas ce qui se passait en classe, il essayait de donner un sens à tout cela en dessinant. Aujourd'hui, des années plus tard, ce sont ces premières années frustrantes à l'école qui ont formé le talent dont nous étions témoins en classe. L'honnêteté de Chris a été une expérience incroyablement émouvante pour nous tous.

Ce sont des histoires comme celle de Chris qui m'ont convaincu que je devais explorer davantage d'opportunités pour offrir aux élèves des projets d'enquête libre en classe. J'étais certain que cela permettrait à d'autres apprenants de vivre des expériences aussi fortes. Cependant, l'année suivante, certains de mes élèves se sont sentis dépassés et mal préparés à cette approche personnalisée de l'apprentissage. Ils étaient angoissés par l'enquête libre et, après réflexion, je me suis dit que c'était de ma faute. Je les avais forcés à se jeter dans la démarche de l'enquête sans les aider à acquérir les compétences et la compréhension nécessaires pour réussir dans cette démarche d'apprentissage plus autonome. C'est là que les Types d'enquête de l'élève entrent en jeu.

Les Types d'enquête de l'élève sont une approche échafaudée d'enquête en classe, qui augmente progressivement l'autonomie de l'élève en matière d'apprentissage tout en fournissant aux apprenants les compétences, les connaissances et la compréhension nécessaires pour réussir dans leur enquête.

Il est important d'introduire les Types d'enquête de l'élève en début d'année. Dans les mois à venir, nous expliquerons comment ces types d'enquête vont façonner notre apprentissage et le temps qui suivra. L'enquête est plus fructueuse lorsqu'elle est solidement étayée ; c'est pourquoi nous créons un cadre et une séquence d'enquête pour toute l'année. En d'autres termes, nous commençons par un modèle d'enquête structurée, nous passons à une enquête contrôlée, puis à une enquête guidée et, si tout va bien, nous terminons par une enquête libre. Puisque ces types reflètent quatre grandes unités d'étude, toutes encadrées par une question essentielle avec des éléments d'enquête évidents tout au long de l'année, nous organisons notre année scolaire selon ces trimestres et consacrons un temps égal à chaque type d'enquête.

L'échafaudage est essentiel à notre parcours d'enquête. Trop souvent, les enseignants se jettent dans le bain de l'enquête, se dirigeant directement vers l'enquête libre, comme je l'avais fait avec Chris. Nous ne pouvons pas les blâmer ; les questions essentielles que les élèves posent et les démonstrations d'apprentissage qu'ils créent sont incroyablement significatives et trouvent un écho auprès de leur public. Mais si vous commencez l'adoption de l'enquête en vous plongeant directement dans l'enquête libre, vous risquez d'avoir des élèves dépassés et mal préparés à l'enquête. D'après notre expérience, si l'on ne renverse pas le contrôle de la classe, si l'on ne donne pas aux élèves les moyens d'apprendre et si l'on ne les soutient pas avec les types d'enquête de l'élève, les élèves ne se sentiront pas aussi confiants, soutenus ou autonomes tout au long de notre parcours d'enquête.

Les types d'enquête de l'élève permettent à nos élèves de se sentir en confiance dans leur démarche d'enquête. Ils permettent aux élèves d'être connectés à leur apprentissage, de savoir comment explorer leurs passions, leurs intérêts et leurs curiosités, et d'être à l'aise avec leur rôle. Les types d'enquête de l'élève poursuivent le relâchement progressif du contrôle de notre apprentissage que nous avons commencé au début du cours.

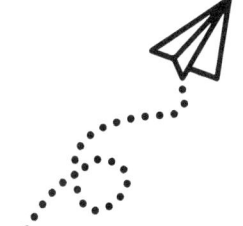

Ne jetez pas vos apprenants dans le bain de l'enquête sans leur donner d'abord les moyens d'utiliser les types d'enquête de l'élève.

LES QUATRE TYPES D'ENQUETE DES ÉLÈVES

Enquête structurée : Les élèves suivent la direction de l'enseignant et toute la classe s'engage dans une recherche commune. Dans le cas d'une enquête structurée, l'enseignant a un contrôle total sur la question essentielle, les ressources que les élèves utiliseront pour comprendre, les preuves d'apprentissage spécifiques que les élèves utiliseront pour documenter leur apprentissage et la tâche que les élèves accompliront pour démontrer leur compréhension.

Enquête contrôlée : L'enseignant choisit les sujets et identifie les ressources que les élèves utiliseront pour répondre aux questions. Dans l'enquête contrôlée, l'enseignant fournit plusieurs questions essentielles que les élèves doivent approfondir. Les élèves approfondissent leur compréhension grâce à plusieurs ressources que l'enseignant a prédéterminées pour fournir un contexte précieux et une signification riche aux questions essentielles. Les élèves démontrent leur apprentissage par une tâche commune de performance.

Enquête guidée : L'enseignant choisit les sujets et les questions, et les élèves conçoivent le produit ou la solution. L'enseignant renforce l'autonomie des élèves en leur fournissant une seule question essentielle (ou une sélection de questions essentielles) à étudier, et l'apprenant choisit où chercher les réponses et comment démontrer sa compréhension.

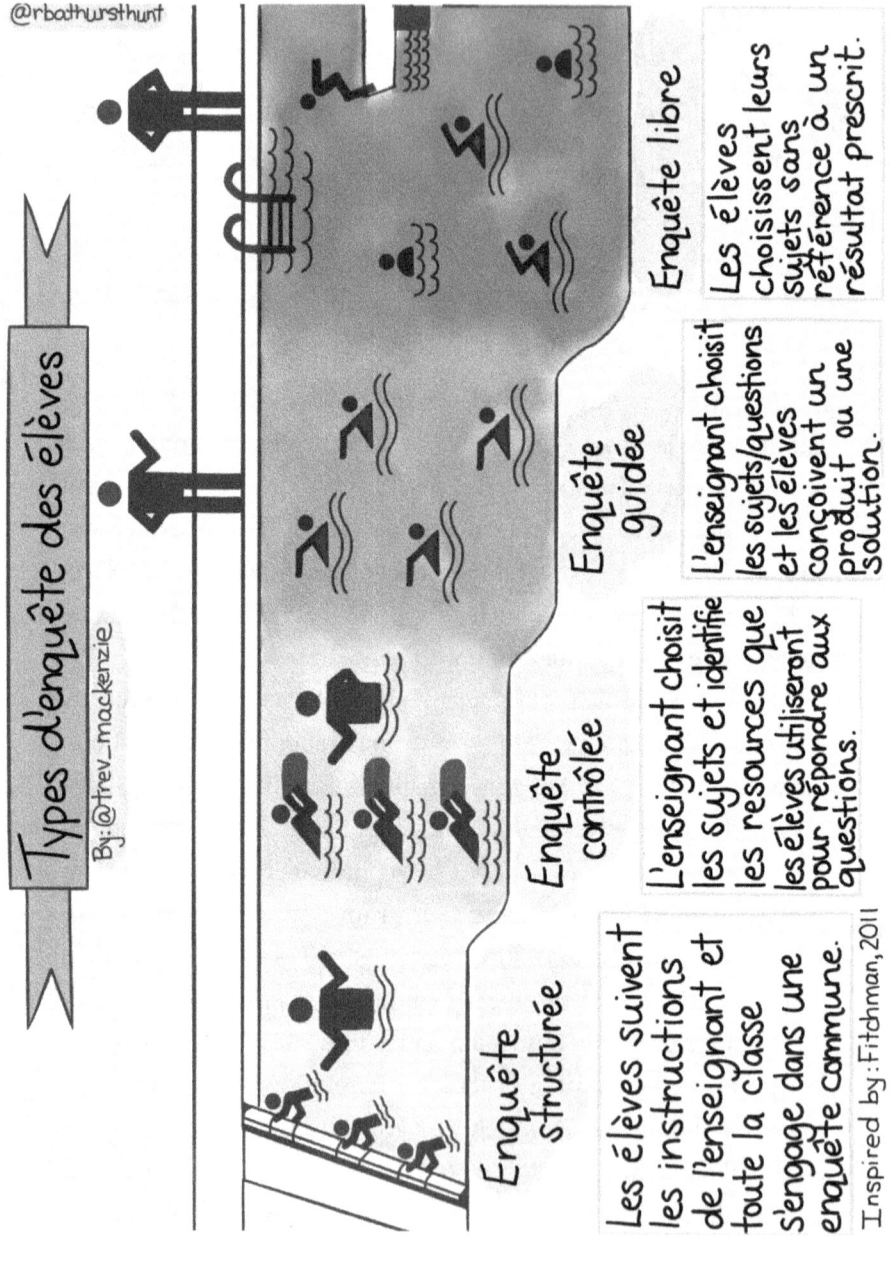

@rbathursthunt

Types d'enquête des élèves

By:@trev_mackenzie

Enquête structurée

Les élèves suivent les instructions de l'enseignant et toute la classe s'engage dans une enquête commune.

Enquête contrôlée

L'enseignant choisit les sujets et identifie les ressources que les élèves utiliseront pour répondre aux questions.

Enquête guidée

L'enseignant choisit les sujets/questions et les élèves conçoivent un produit ou une solution.

Enquête libre

Les élèves choisissent leurs sujets sans référence à un résultat prescrit.

Inspired by:Fitchman,2011

Enquête libre : les élèves choisissent leurs sujets sans référence à un quelconque résultat prescrit. Dans le cas de l'enquête libre, avec le soutien et la facilitation de l'enseignant, les élèves élaborent leur propre question essentielle, recherchent un large éventail de ressources, personnalisent leurs preuves d'apprentissage et conçoivent leur propre tâche de performance.

Une idée fausse mais courante sur l'enquête est que les apprenants du primaire ne réussiront pas dans l'enquête libre. Nous comprenons l'hésitation de nos collègues à s'attaquer à trente élèves travaillant sur trente questions essentielles différentes. Dans ce scénario, les élèves sont susceptibles de chercher des informations dans différentes ressources et de planifier la démonstration de leur apprentissage d'une manière unique. On nous demande souvent : «Comment peuvent-ils réussir avec autant d'indépendance ?».

Lorsque nous arrivons à l'unité d'enquête libre, nous avons passé beaucoup de temps à décortiquer l'enquête, à approfondir notre compréhension des questions essentielles et à cultiver la mentalité d'enquête. Nous réfléchissons à la conception de chaque unité d'apprentissage et de chaque type d'enquête de l'élève. Ce faisant, nous ajoutons lentement les puissantes compétences nécessaires à la réussite de l'enquête libre :

- Les élèves ont fait l'expérience d'un large éventail de ressources dans une variété de formats.
- Ils ont utilisé une variété d'outils pour saisir leur apprentissage (ce que nous appelons les preuves d'apprentissage).
- Et ils ont démontré leur apprentissage de plusieurs façons.

Au moment où nous entrons dans l'étape de l'enquête libre, les apprenants sont plus habitués à leur rôle d'enquêteurs. Ils peuvent identifier leurs besoins d'apprentissage et la façon d'exploiter le potentiel de la recherche dans la classe. L'état d'esprit de recherche qu'ils acquièrent permet de limiter les risques perçus de la recherche libre dans les classes plus jeunes. De plus, la conception du cours, par le biais des Types de recherche de l'élève, est structurée pour soutenir cette unité finale de recherche libre.

Nous aimons le cadre des types d'enquête de l'élève car il nous offre un certain nombre d'avantages pour préparer au mieux nos apprenants à réussir dans la classe d'enquête tout en favorisant une communauté d'apprentissage pour approfondir la compréhension et nourrir l'agencement des élèves. Certains de ces avantages sont présentés dans les sections suivantes.

LE CONTENU À CONNAÎTRE ABSOLUMENT EST AVANT L'ENQUETE LIBRE

En tant qu'éducateurs, l'un des piliers de la maîtrise de notre métier est de connaître notre programme d'études et de bien le connaître, et un certain nombre de contenus «indispensables» existent dans nos classes. Une connaissance approfondie de ces objectifs d'apprentissage prescrits (et souvent normalisés) nous permet de les intégrer dans tout ce que nous faisons au cours de l'année. Mais trouver un équilibre entre ces résultats et l'esprit d'enquête est un défi que tout enseignant enquêteur doit relever. Les types d'enquête de l'élève nous fournissent la structure nécessaire pour assurer cet équilibre. Nous plaçons le contenu indispensable dans les unités structurée, contrôlée et, parfois, guidée, ce qui nous permet de recueillir des preuves que nos élèves ont acquis une compréhension approfondie des objectifs d'apprentissage de notre classe avant d'arriver à l'unité libre. L'unité d'enquête libre n'abandonne pas pour autant ces résultats importants ; au contraire, nous veillons à ce que tout l'apprentissage de l'unité d'enquête libre réponde aux normes d'apprentissage de notre classe. Grâce à l'étayage et à l'utilisation des types d'enquête de l'élève, les élèves sont habilités à réfléchir à leur apprentissage et même à identifier ces objectifs d'apprentissage par eux-mêmes. Ce pouvoir est un cadeau offert par la libération progressive du contrôle de l'apprentissage qui encadre notre classe d'enquête.

> La libération progressive du contrôle de l'apprentissage de l'enseignant vers l'apprenant permet aux éducateurs de mieux répondre aux besoins des élèves d'aujourd'hui.

EN UTILISANT LES PRINCIPES DE LA COMPRÉHENSION PAR LA CONCEPTION {UNDERSTANDING BY DESIGN — UBD}

UbD est le cadre que nous utilisons pour planifier notre apprentissage tout au long de l'année. Également appelé conception à rebours (backwards design), UbD est le cadre le plus puissant et le plus utile que nous ayons trouvé pour planifier les unités d'étude. Rédigé par Jay McTighe et Grant Wiggins, UbD est un processus de planification et un guide structurel pour le programme d'études, l'évaluation et l'enseignement. Si vous avez bricolé des enquêtes, vous avez probablement adopté le cadre UbD dans votre pratique.

Les deux idées clés de UbD se trouvent dans son titre : se concentrer sur l'enseignement et l'évaluation pour le transfert de la compréhension et de l'apprentissage, et concevoir le programme d'études « à rebours » à partir de ces objectifs.

Nous aimons UbD pour plusieurs raisons. Premièrement, UbD demande aux éducateurs de planifier en ayant la finalité à l'esprit en clarifiant d'abord l'apprentissage qu'ils recherchent et en identifiant les résultats d'apprentissage souhaités qu'ils veulent atteindre. Ensuite, UbD demande aux éducateurs de réfléchir aux éléments d'évaluation nécessaires pour montrer que les élèves ont atteint l'apprentissage souhaité. Enfin, les enseignants de UbD planifient les moyens de parvenir à la fin, l'enseignement, les activités d'apprentissage et les ressources pour étayer la compréhension et aider les élèves à atteindre les objectifs.

Nous aimons aussi UbD parce qu'il a du sens. Si la tâche de performance de nos élèves est d'utiliser une variété de stratégies de compréhension pour approfondir l'apprentissage pendant la lecture, l'UbD nous demande de planifier notre unité à partir de cet objectif. Pour utiliser ces stratégies, les élèves doivent accomplir de nombreuses tâches, plus petites mais essentielles, qui mènent à cette tâche. Si nous travaillons à rebours à partir de la tâche de performance, nous soutenons nos élèves en étayant les compétences et stratégies suivantes :

- résumer
- mise en séquence
- déduction
- comparaison et mise en opposition
- tirer des conclusions
- auto-questionnement
- accès aux connaissances antérieures

Tous ces exemples fournissent la base de connaissances, les compétences et la préparation nécessaires à l'exécution de la tâche et à l'utilisation d'une variété de stratégies de compréhension pour approfondir l'apprentissage pendant la lecture.

Dans la classe d'enquête du collège et du lycée, nous discutons explicitement des principes de l'UbD avec nos élèves. Cela renforce leur capacité à planifier, initier, réviser et exécuter avec succès leur propre unité d'enquête libre. En outre, les apprenants qui comprennent mieux l'UbD deviennent aptes à améliorer leur tâche de performance. Ceci est particulièrement important pour nos jeunes apprenants. En démontrant comment une tâche de performance est étayée par des évaluations formatives, un retour d'information riche et significatif et le renforcement des compétences, nous avons vu des élèves se rendre compte de ce qu'ils peuvent faire pour améliorer leur travail et enrichir leur compréhension. Ensemble, nous cultivons une base métacognitive pour l'apprentissage–une étape cruciale pour développer un état d'esprit d'enquête.

Une base métacognitive de l'apprentissage est une étape cruciale pour développer un état d'esprit d'enquête.

Le cadre UbD peut être appliqué à toute planification d'unité future ou à la définition d'objectifs auxquels les élèves seront confrontés. Il permet aux apprenants d'identifier leur objectif, de planifier les étapes à suivre pour atteindre cet objectif et de prendre des mesures pour y parvenir. Dans chaque type d'enquête de l'élève, nous décrivons l'unité de bout en bout, en utilisant un langage commun pour aider les élèves à approfondir leur compréhension de l'UbD. L'impact de cette structure de planification sur la mentalité d'enquête est puissant !

Le sketch des types d'enquête de l'élève est affiché dans notre classe et nous nous y référons souvent tout au long de notre apprentissage. Lorsque nous passons de la démarche structurée à la démarche contrôlée puis à la démarche guidée, nous réfléchissons constamment à d'autres éléments que la question essentielle et les ressources avec lesquelles nous interagissons. Nous discutons de notre apprentissage, de notre collaboration entre nous et de l'étayage de notre apprentissage en vue d'une tâche de performance. Le mariage de l'enquête et des principes de la compréhension par la conception permet de créer ces riches opportunités d'apprentissage.

DES APPRENANTS DU XXIE SIÈCLE, ALIAS DE MENTALITÉ D'ENQUÊTE

Les types d'enquête de l'élève nous permettent d'aborder un grand nombre de compétences non techniques nécessaires pour naviguer dans le monde d'aujourd'hui, un monde dans lequel certaines caractéristiques de la classe traditionnelle–mémorisation de faits et exécution de tâches routinières–perdent de leur importance. La curiosité, la créativité, l'initiative, la pensée multidisciplinaire et l'empathie préparent les apprenants à un monde en constante évolution. Si l'on ajoute à cela l'état d'esprit de croissance, le courage et le caractère, on comprend mieux comment l'apprentissage fondé sur l'enquête et les types d'enquête de l'élève fournissent une structure permettant de préparer au mieux les élèves aux défis futurs.

Vous trouverez ci-dessous quelques suggestions d'enquête et les principaux éléments de chaque unité. Elles décomposent les types d'enquête de l'élève comme ils se dérouleraient dans une variété de niveaux scolaires et de sujets. N'hésitez pas à les utiliser comme point de départ d'une enquête dans votre propre classe.

La classe d'hier reposait sur la mémorisation de faits et l'exécution de tâches routinières et cela ne suffit plus. La classe de demain a besoin de quelque chose de différent. La classe de demain a besoin des types d'enquête des élèves.

Enquête Structurée

Niveau et matière : Mathématiques au primaire

Question essentielle : Comment les nombres peuvent-ils être représentés de différentes façons ?

Ressources, artéfacts et expériences :

« Cuisenaire rods »
Réglettes bois cuisenaire

1	2	3	4

5	6	7	8

9	10		

**chiffres imprimés
et laminés**

Preuve d'apprentissage : En partenariat ou individuellement, les élèves travailleront à faire correspondre les « Cuisenaire rods » aux cartes de chiffres pour démontrer que chaque tige représente un chiffre et que les chiffres et les quantités peuvent être représentés par des tiges des « Cuisenaire rods ».

Tâche de performance : Les élèves devront...

- explorer avec « Cuisenaire rods »
- travailler à classer les « Cuisenaire rods » de la plus petite à la plus grande afin de découvrir un lien entre la taille et les nombres
- chercher des modèles et des liens avec les cartes de chiffres

Niveau et sujet : Sciences sociales au primaire

Question essentielle : Comment l'histoire des Premiers Peuples est-elle partagée à travers les récits ?

Ressources, artéfacts et expériences : Une personne âgée nous rend visite pour partager une histoire culturelle et répondre aux questions des élèves. Avant la visite, faites un remue-méninge pour dresser une liste de questions à poser sur l'importance et l'histoire des contes dans la culture des Premières nations.

Preuve d'apprentissage : Les élèves utilisent des tableaux blancs pour noter les réponses à leurs questions tout au long de la visite. Après la visite, les élèves participeront à un cercle de partage en groupe entier pour réfléchir et partager leurs sentiments, leurs autres questions, les points à retenir et les leçons tirées de la visite.

Tâche de performance : Les élèves devront...

- partager une histoire importante pour eux
- illustrer leur histoire et écrire un texte d'accompagnement pour la partager.

Niveau et sujet : Sciences au collège

Question essentielle : Quelles sont les trois lois du mouvement de Newton ?

Ressources, artéfacts et expériences : Livres de non-fiction et Kiddle pour la recherche en ligne.

Preuve d'apprentissage: Les élèves seront affectés à l'un des trois groupes de discussion. Chaque groupe étudiera l'une des lois du mouvement de Newton. Les élèves utiliseront un organisateur graphique pour documenter leur compréhension de la loi du mouvement sur laquelle ils font des recherches.

Tâche de performance : Les membres de chaque groupe devront...

- travailler ensemble pour créer une chanson, dans n'importe quel genre, expliquant la loi du mouvement, partager leur chanson, fournissant à la classe trois courtes chansons enseignant les trois lois du mouvement de Newton.

Enquête Contrôlée

Niveau et matière : Sciences au primaire

Question essentielle : Quels sont les besoins des ours de la Colombie-Britannique ?

Ressources, artéfacts et expériences :

- textes scientifiques
- table de provocation pour le jeu du petit monde, pensez aux ours, à la ficelle, aux pierres, aux bâtons, aux paniers comme grottes, aux blocs naturels, aux arbres de jeu, etc.
- créer une grotte de jeu dramatique
- participer à un programme de libération d'œufs de saumon à l'école.
- lire et raconter des histoires indigènes ou locales sur les animaux de la région.
- réaliser une étude sur un artiste indigène ou local en rapport avec l'art animalier.

Preuve d'apprentissage : En effectuant une recherche documentaire, les élèves rempliront un guide de recherche contenant des questions sur l'apparence, l'habitat, la nourriture, les changements saisonniers et des faits intéressants.

Tâche de performance : Les élèves devront...

- illustrer leur animal
- utiliser un iPad pour prendre une photo de l'œuvre d'art de leur animal
- choisir un ou deux faits intéressants à rédiger et à répéter
- utiliser ChatterPix Kids (une application iPad gratuite que vous et vos élèves pouvez utiliser pour transformer des images en images parlantes) pour photographier l'animal qu'ils ont dessiné et enregistrer un commentaire audio. Ces projets seront partagés avec l'ensemble du groupe et diffusés sur les portfolios numériques ou les blogs des élèves.

Niveau et matière : Arts visuels au primaire

Question essentielle : Quel genre d'éléments visuels (ligne, forme, texture, couleur, forme, etc.) Ted Harrison (un artiste canadien local bien connu) utilise-t-il dans ses peintures ?

Ressources, artéfacts et expériences : Une variété d'exemples d'œuvres de Ted Harrison et de livres pour enfants : « Children of the Yukon », « A Northern Alphabet », et « O Canada ».

Preuve d'apprentissage : Organisateur graphique pour prendre de brèves notes et illustrer des exemples rapides sur les types de lignes, de formes, de textures, de couleurs ou de formes utilisées.

Tâche de performance : Les élèves devront ....

- choisir une des pièces de Ted Harrison à recréer, en utilisant le matériel fourni en classe

- réfléchir oralement ou par écrit aux raisons de leur choix et à la manière dont ils souhaitent représenter le style artistique de Ted Harrison dans leur propre œuvre.

Niveau et sujet : Éducation physique au collège

Question essentielle : Quels sont les liens entre l'alimentation, l'activité physique et le bien-être mental ?

Ressources, artéfacts et expériences : Visite d'un nutritionniste pour expliquer le lien entre une alimentation saine et le bien-être mental. Les élèves font l'expérience de divers types d'activité physique (course, entraînement en circuit, sports d'équipe, yoga, danse, escalade, etc.) tout au long de l'année en éducation physique.

Preuve d'apprentissage : Les élèves créeront des questions pour la visite chez le nutritionniste et prendront des notes pour obtenir les réponses à leurs questions. Ils réfléchiront également à ce qu'ils ressentent avant, pendant et après chaque séance d'activité physique à laquelle ils participent et consigneront leurs réflexions dans leur journal d'activité.

Tâche de performance : Les élèves devront...

- créer une publicité d'une page soulignant les effets d'une alimentation équilibrée et de l'activité physique sur notre bien-être mental. Les élèves peuvent illustrer la publicité à la main ou utiliser Canva pour la créer numériquement. Elle doit être réalisée en pensant à un public d'élèves, puis partagée avec la classe.
- créer un slogan pour accompagner leur publicité

Enquête Guidée

Niveau et matière : Sciences au primaire

Question essentielle : Comment les objets peuvent-ils se déplacer ? Les objets se déplacent-ils d'eux-mêmes ? Doit-il y avoir une force pour déplacer certains objets ?

Ressources, artéfacts et expériences : Ventilateurs et sèche-cheveux pour les expériences sur le vent en classe, expériences avec des cerfs-volants à l'extérieur, livres sur les cerfs-volants, clip YouTube sur les cerfs-volants, sortie dans une zone pour faire voler les cerfs-volants, matériaux recyclés, fournitures artistiques et beaucoup de ruban adhésif !

Preuve d'apprentissage : Les élèves vont explorer et rechercher comment les objets se déplacent en explorant le vent et l'air. Les élèves consignent leurs découvertes sur ce qui bouge dans le vent et ce qui ne bouge pas sur un modèle de tableau de recherche. Les élèves font des recherches sur les cerfs-volants et commencent à découvrir les types de matériaux et les prototypes de conception qui se déplacent le mieux dans le vent.

Tâche de performance : Les élèves devront ...

- choisir une forme de cerf-volant qu'ils veulent concevoir et créeront un prototype en papier
- explorer avec des ventilateurs et des séchoirs à cheveux pour voir comment leur prototype vole et bouge dans le vent. En fonction de leurs résultats, ils peuvent réfléchir et réviser leurs plans.
- choisir des matériaux pour accompagner leurs dessins et créer leurs cerfs-volants
- se rendre sur un site local pour faire voler leurs cerfs-volants et les expérimenter

- réfléchir oralement à la façon dont leurs cerfs-volants ont volé et aux modifications qu'ils apporteraient la prochaine fois.

Niveau et matière : Mathématiques au primaire

Question essentielle : Quelles sont les différentes façons de gagner de l'argent pour atteindre un objectif financier ?

Ressources, artéfacts et expériences : En classe, lisez *Isabel's Carwash* de Sheila Blair.

Preuve d'apprentissage : En groupe, faites un remue-méninges sur les façons dont on peut gagner de l'argent pour atteindre un objectif financier (vente de pâtisseries, tâches ménagères, aide aux voisins pour le jardinage, promenade du chien, vente de pop-corn, etc.). Relevez différentes options que les élèves trouvent intéressantes et discutez de la logistique de chaque idée.

Tâche de performance : Les élèves devront ...

- choisir un moyen de gagner de l'argent qu'ils souhaitent essayer. Les élèves peuvent travailler seuls ou en groupe.
- créer un plan pour aider à gagner de l'argent de la manière qu'ils ont choisie.
- accorder deux semaines pour mettre en œuvre leur plan pour gagner de l'argent. Ils doivent documenter, soit en écrivant dans un journal chaque fois qu'ils gagnent de l'argent, soit en utilisant des photographies pour capturer les étapes d'un projet de type vente de pâtisseries.
- partager la façon dont leur plan de rémunération a fonctionné et combien ils ont gagné à la fin des deux semaines.

La tâche d'exécution peut se poursuivre par la planification par les élèves de ce qu'ils feront de leur argent.

Niveau et sujet : Arts visuels au collège

Question essentielle : De quelles façons les artistes communiquent-ils des messages à travers leur art ?

Ressources, artéfacts et expériences : Exploration de YouTube, visite d'artistes locaux en tant qu'experts, expériences artistiques locales (visite de galerie d'art, spectacles, etc.). Recherche sur les artistes par le biais de livres documentaires, de recherches en ligne et de la lecture de blogs d'artistes.

Preuve d'apprentissage : Les élèves découvrent diverses formes d'art et cherchent comment les artistes communiquent en utilisant leur forme d'art. Les élèves auront le choix de la méthode de recherche : livres, Internet, entrevues personnelles, lecture de blogues et d'articles, etc.

Tâche de performance : Les élèves devront ...

- choisir un artiste ou une œuvre à examiner
- partager et réfléchir au message qu'à leur avis, l'artiste essaie de transmettre et à la façon dont ils pensent que l'artiste y parvient. Les élèves peuvent se poser des questions telles que : « Pensez-vous que l'artiste a voulu transmettre ce message ? » et « Quels autres messages le public pourrait-il percevoir à travers cette œuvre ? ».
- réfléchir par le biais d'un enregistrement audio, d'images fixes de l'œuvre d'art, d'un essai ou d'une présentation orale.

Si vous vous sentez prêt à commencer à planifier une unité d'enquête, nous vous suggérons de commencer par une unité d'enquête structurée basée sur un sujet que vous avez déjà enseigné. Nous vous recommandons également de commencer petit et en gardant la fin en tête.

COMMENCER AVEC UNE UNITÉ D'ENQUETE STRUCTURÉE

Lorsqu'on adopte pour la première fois la méthode de l'enquête, il est plus facile de se concentrer sur une seule question essentielle, une seule ressource, une seule preuve d'apprentissage et une seule tâche de performance. Nous avons constaté que le fait de commencer par une unité d'enquête structurée permet à nos élèves de se sentir plus en confiance dans ce nouveau modèle d'apprentissage. De plus, nous sommes en mesure de réfléchir à la conception de l'unité, au processus d'apprentissage et au rôle de l'élève dans l'enquête. Collectivement, ces éléments constituent une base solide pour notre voyage d'enquête tout au long de l'année. Commencez doucement. Réfléchissez. Réessayez.

COMMENCEZ PAR UN SUJET OU UNE UNITÉ QUE VOUS AVEZ DÉJÀ ENSEIGNÉ

Utilisez une leçon ou une unité que vous avez déjà enseignée et qui vous semble avoir trouvé un écho chez vos apprenants pour vous lancer dans l'enquête. Recadrez la leçon pour commencer par une question essentielle puissante. Parce que vous êtes familier et à l'aise avec le matériel, vous serez plus à l'aise avec le recadrage de la façon dont vous arrivez à la tâche de performance.

COMMENCEZ PETIT

Il n'est pas nécessaire de tout changer. Commencez petit. Commencez par un seul changement : commencez vos leçons et vos plans d'unité par des questions essentielles. Cela vous mènera à un avenir d'enquêtes puissantes et profondes. Commencez par modéliser ces questions. Démontrez comment elles peuvent conduire à un apprentissage plus approfondi. Apprenez ensuite aux élèves à poser leurs propres questions essentielles et à les utiliser pour orienter les activités, les leçons, les ressources et les tâches de performance.

COMMENCEZ EN GARDANT LA FIN À L'ESPRIT

Avant de commencer le voyage d'apprentissage ensemble, montrez à vos apprenants la cible qu'ils visent. Ainsi, lorsque les élèves décortiquent les informations et créent leur compréhension, ils ont déjà en tête la manière dont ils devront éventuellement démontrer ce qu'ils apprennent. Les principes de l'approche «Understanding by Design» présentent la structure permettant d'obtenir cette clarté et ce soutien.

#MENTALITEDENQUETE EN ACTION

Comme nous le savons tous, il est rare que les plans de cours se déroulent parfaitement dans la classe. Malgré notre planification et notre exécution minutieuses, les enseignants sont étonnamment doués pour réfléchir sur le moment et changer en cours de route. Nous apprenons de nos erreurs et nous n'enseignons jamais deux fois la même leçon.

Il en va de même pour nos élèves. Les éducateurs savent qu'un apprentissage puissant se produit lorsque les élèves font des erreurs, lorsqu'ils réfléchissent à leurs erreurs et lorsqu'ils cherchent des moyens de s'améliorer, de grandir et de revenir au processus d'apprentissage mieux qu'avant. #MENTALITEDENQUETE

L'ENQUÊTE LIBRE

L'enquête libre, le type le plus puissant d'enquête de l'élève, est le point culminant de notre voyage ensemble. Les élèves ont une grande liberté d'action sur l'apprentissage, ce qui leur permet de suivre leurs passions et de poursuivre leurs intérêts. Grâce à l'étayage présenté par les types d'enquête de l'élève, les élèves ont acquis une variété de compétences et de connaissances en matière d'enquête qui leur permettront de réussir dans l'enquête libre. Ils comprennent et peuvent poser une question essentielle ainsi qu'une variété de questions fermées. Ils peuvent trouver des ressources et des recherches valables et utiles pour mieux comprendre. Ils documentent leur apprentissage, et réfléchissent et révisent au fur et à mesure. En tant que professeurs enquêteurs, nous nous concentrons maintenant sur le soutien plus complet de nos apprenants dans l'exploration de leur créativité, de leur curiosité et de leurs rêves.

Nous devons toujours être attentifs à la façon dont nos apprenants se sentent dans l'enquête et s'ils réussiront dans leur expérience d'enquête libre. Si les élèves n'ont pas acquis les compétences nécessaires pour renforcer leur enquête et, peut-être plus important encore, s'ils se sentent dépassés, anxieux ou incertains, nous devons nous concentrer sur la différenciation pour les soutenir. Si les élèves ne sont pas prêts pour l'enquête libre, nous les encadrons en conséquence. La classe basée sur la démarche d'enquête offre de puissantes opportunités de différencier l'apprentissage, en particulier dans le cadre de l'investigation libre. Si notre classe n'a pas réussi comme nous l'espérions dans l'enquête guidée, nous passons plus de temps à affiner les compétences d'enquête pour mieux les préparer à l'enquête libre. Cependant, si nous sommes prêts à entrer dans la partie réservée à l'enquête libre, nous appliquons le cadre, les modèles de travail et les composants spécifiques que nous avons développés et inclus dans ce chapitre. Pensez à vos apprenants avant de lancer l'enquête libre pour vous aider à maximiser le potentiel de suivi des passions, des intérêts et des curiosités de vos élèves.

Nos apprenants aiment le sketch sur le processus d'enquête car il suggère qu'une aventure d'apprentissage les attend. Bien que des obstacles et des défis se présentent en cours de route, nous pouvons tous utiliser la carte comme un guide visuel soulignant les différentes étapes de notre voyage d'enquête. Nous accrochons un grand poster de ce sketch dans notre classe et nous nous y référons souvent tout au long de l'année. Les apprenants peuvent identifier et partager où ils en sont dans leur apprentissage et où ils se dirigent. Cette image, associée au graphique Types d'enquête des élèves, donne aux apprenants une idée précise du cadre d'enquête dans lequel nous allons travailler. Ils contribuent à la réussite des élèves dans leur unité d'enquête libre, en les aidant à rester sur la bonne voie, à réfléchir et à réviser au fur et à mesure, et en créant une structure commune dans laquelle nous pouvons tous travailler malgré le haut niveau de personnalisation que nous allons atteindre. Nous aimons la façon dont le sketch sur le processus d'enquête relie les principes de « UbD » en montrant une

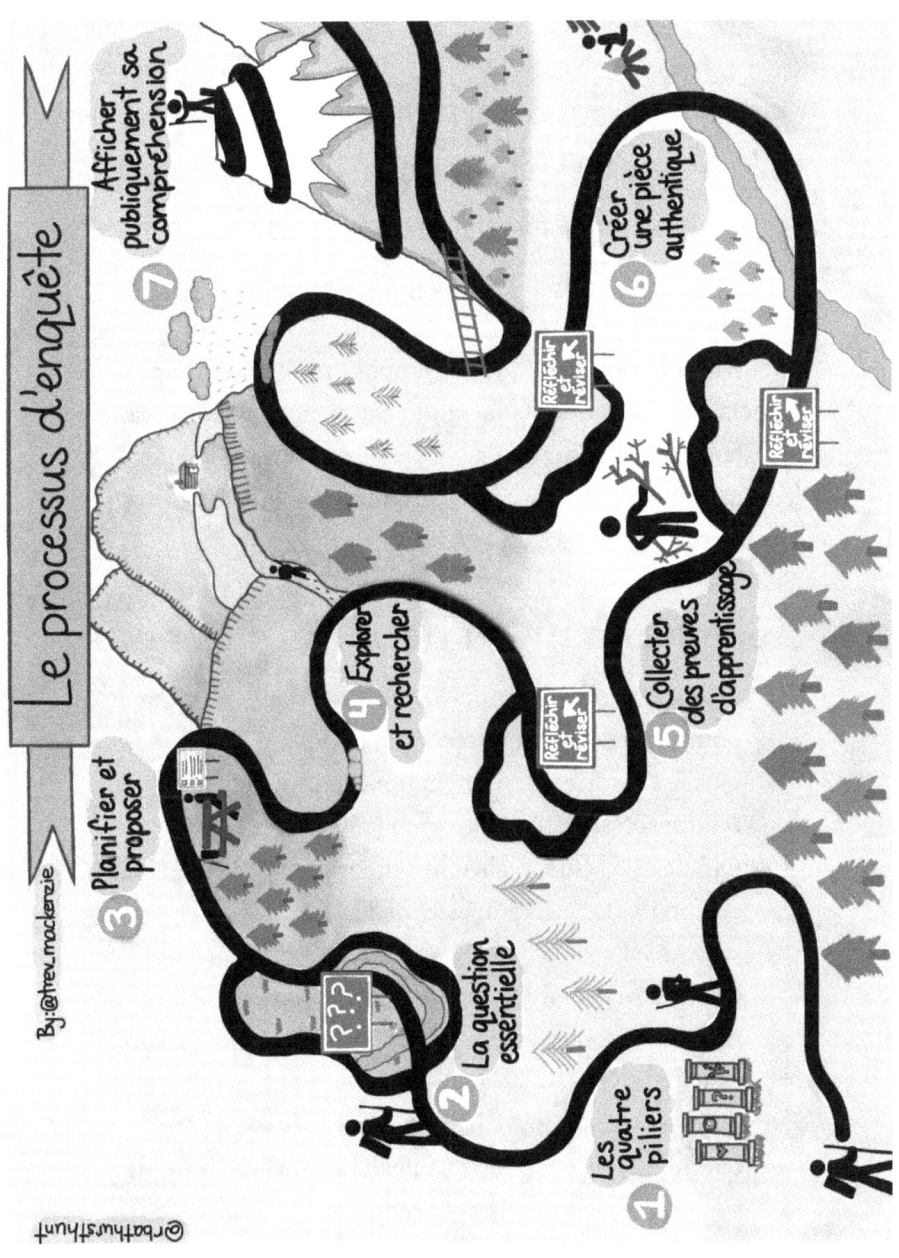

Le processus d'enquête

By:@trev.mackenzie

① Les quatre piliers

② La question essentielle

③ Planifier et proposer

④ Explorer et rechercher

⑤ Collecter des preuves d'apprentissage

⑥ Créer une pièce authentique

⑦ Afficher publiquement sa compréhension

Réfléchir et réviser

@rbathwsthunt

destination visuelle de notre apprentissage et les différentes étapes à suivre pour l'atteindre.

Un véritable apprentissage personnalisé ne peut être efficace que si vous avez appris à connaître vos apprenants. Commencez par là : Connaissez vos apprenants.

Le livre « Dive into Inquiry » propose un plan et un cadre de lancement pour s'assurer qu'une unité d'enquête réussie est planifiée et exécutée. Les élèves sont invités à parler de quelques éléments clés de leur unité d'enquête libre afin que l'enseignant puisse s'assurer que leur entreprise aboutisse à un résultat positif.

LA PROPOSITION D'ENQUÊTE LIBRE

1. Quelle est votre question essentielle ? Veuillez expliquer pourquoi elle est importante pour vous.
2. Quelle est votre pièce authentique ? Comment allez-vous rendre votre apprentissage public ?
3. Qu'allez-vous lire, rechercher et étudier pour vous aider à explorer votre question essentielle ?
4. Quels sont vos objectifs pour votre enquête libre ?
5. Quelles preuves d'apprentissage allez-vous recueillir pour saisir tout ce que vous apprenez sur votre question essentielle ?
6. Quel est votre plan ? Créez un calendrier et un plan quotidien pour que votre unité d'enquête libre soit une expérience d'apprentissage réussie.

@rbathursthunt

By:@trev.mackenzie

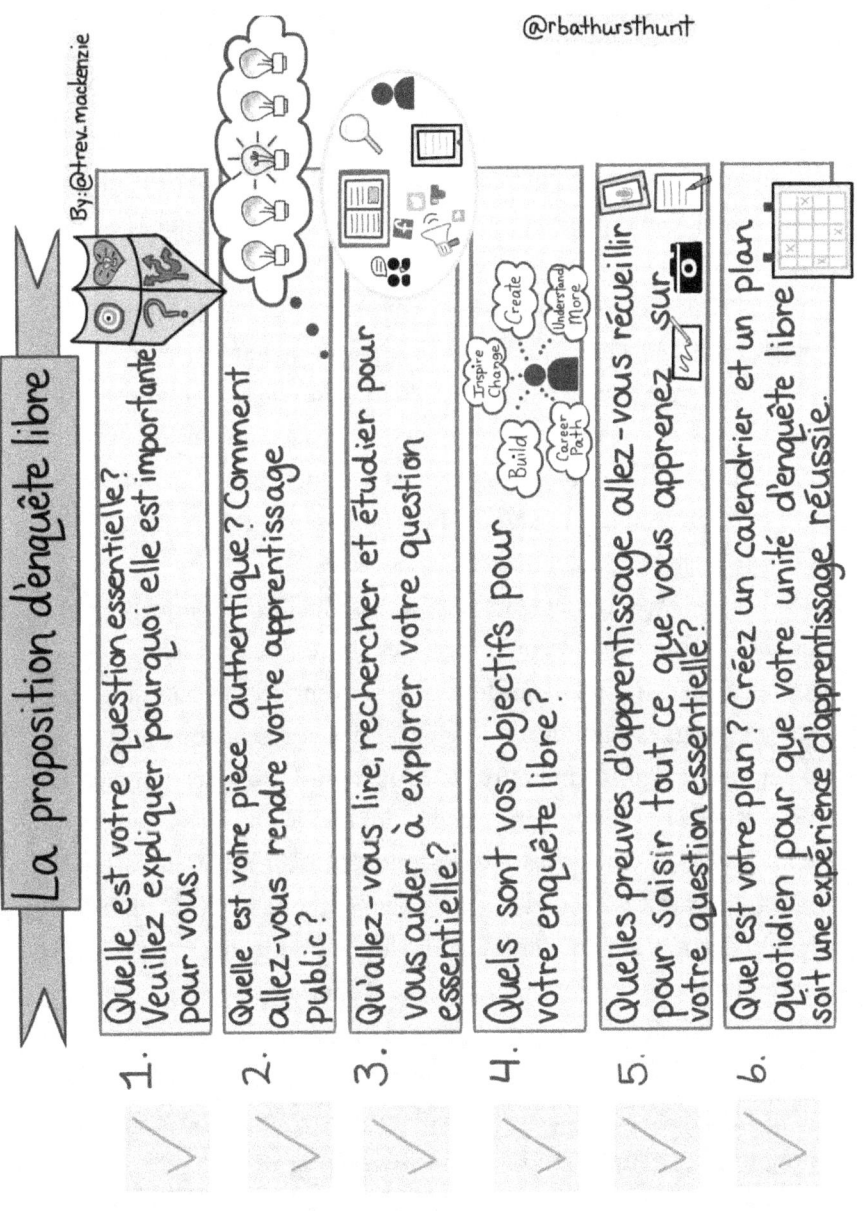

La proposition d'enquête libre

1. Quelle est votre question essentielle? Veuillez expliquer pourquoi elle est importante pour vous.

2. Quelle est votre pièce authentique? Comment allez-vous rendre votre apprentissage public?

3. Qu'allez-vous lire, rechercher et étudier pour vous aider à explorer votre question essentielle?

4. Quels sont vos objectifs pour votre enquête libre?

5. Quelles preuves d'apprentissage allez-vous récueillir pour saisir tout ce que vous apprenez sur votre question essentielle?

6. Quel est votre plan? Créez un calendrier et un plan quotidien pour que votre unité d'enquête libre soit une expérience d'apprentissage réussie.

Nous aimons voir les enseignants qui s'occupent des jeunes élèves appliquer ce cadre. Lorsque les élèves peuvent répondre par écrit ou oralement à chaque point du plan et de l'argumentaire, nous savons qu'ils maîtrisent parfaitement les exigences de leur unité d'enquête libre. Nous ne suggérons pas à vos élèves de vous présenter leur unité d'étude pour obtenir votre approbation. Nous ne pensons pas non plus que leur plan sera aussi détaillé ou ambitieux que les propositions d'enquête libre de nos élèves de collège et de lycée. Au contraire, ces points sont utilisés avec le plus de force lorsque nos jeunes apprenants peuvent les identifier, leur parler ou leur écrire, réfléchir à leur parcours et le personnaliser en fonction de leurs intérêts et de leurs besoins. Récapitulons ce processus et décomposons les points pour illustrer ce à quoi ils ressemblent avec nos jeunes apprenants.

Section 1 : Quelle est votre question essentielle ? Veuillez expliquer pourquoi elle est importante pour vous.

Les élèves partagent leur question essentielle et expliquent pourquoi elle est importante pour eux. Des choses incroyablement puissantes se produisent lorsque les élèves peuvent décrire pourquoi leur apprentissage est significatif pour eux. En partie, cela nous permet de comprendre clairement pourquoi ils ont choisi leur sujet d'enquête et peut-être de révéler certaines façons dont nous pouvons mieux soutenir les élèves dans leurs efforts d'enquête. Cependant, la raison la plus importante pour laquelle nous demandons aux élèves pourquoi leur apprentissage est significatif est que cela illustre la pertinence et l'authenticité de leur apprentissage. L'apprentissage en dehors de l'école ne devrait pas être différent de l'apprentissage à l'école. En aidant nos élèves à poursuivre un apprentissage pertinent pour eux, nous comblons le fossé entre l'école et la vie, un inconvénient des programmes d'études trop standardisés dont nous avons été témoins dans les classes traditionnelles. Lorsque les élèves se plongent dans un sujet qui les passionne et le partagent avec d'autres, il est inévitable que leur engagement à l'égard de ce sujet trouve un écho auprès de leur public et, parfois, inspire même leurs pairs.

Section 2 : Quelle est votre pièce authentique? Comment allez-vous rendre votre apprentissage public?

Les élèves déterminent comment ils souhaitent démontrer leur apprentissage et le partager avec un public. Nous aimons organiser un événement au niveau de la classe, de l'école ou de la communauté (voir le chapitre 10) et demandons souvent à nos élèves de partager leur apprentissage par un moyen sur lequel nous nous sommes mis d'accord en tant que communauté d'apprentissage. Pour les aider à choisir un élément authentique, nous leur demandons : «Si vous pouviez démontrer votre compréhension d'une manière quelconque, quelle serait-elle ? Êtes-vous vraiment doué pour quelque chose qui, selon vous, vous aiderait à communiquer votre compréhension de votre question essentielle ?»

Nous aimons quand les élèves créent une pièce authentique numérique pour leur démonstration d'apprentissage parce qu'elle vit facilement, tend à engager le public, et se prête si bien au partage public de l'apprentissage des élèves via des blogs, des sites Web, des médias sociaux, ou tout autre nombre d'applications, d'appareils et de plateformes puissantes rendant l'apprentissage visible. Nous aimons aider nos apprenants à saisir leur compréhension et à la partager avec d'autres !

Section 3 : Qu'allez-vous lire, rechercher et étudier pour aider à explorer votre question essentielle ?

Les élèves indiquent ce qu'ils vont faire, lire et regarder pour approfondir leur compréhension. Il ne fait aucun doute que les élèves profitent de l'expertise et du soutien de notre enseignant-bibliothécaire (voir le chapitre 8). Ils établissent également des liens inhérents entre leurs plans pour leur unité d'enquête libre et les recherches qu'ils ont effectuées auparavant. En se connectant à nos expériences avec notre mur des merveilles, une conservation visible de nos émerveillements dans la classe, et notre bibliothèque vivante d'amis et de famille, les personnes que nous connaissons qui peuvent soutenir notre enquête (le mur des merveilles et la bibliothèque vivante sont tous deux expliqués plus en détail au chapitre 7), les élèves choisissent souvent d'interviewer quelqu'un dans le cadre de leur enquête. Nous apprécions ces volets authentiques et pertinents dans leurs plans d'enquête libre.

Section 4 : Quels sont les objectifs de votre enquête libre ?

Les élèves identifient quelques objectifs pour leur unité d'enquête libre. Il est très important que nos jeunes apprenants comprennent que nous n'apprenons pas pour obtenir une note ou une bonne note à l'école. Nous encourageons les élèves à se fixer des objectifs très personnalisés, significatifs et réalisables qui ont un impact sur eux ou sur leur entourage. Certains objectifs des élèves de nos unités d'enquête libre précédentes étaient . . .

- Je veux faire participer et impressionner mon public.
- Je veux que mon apprentissage inspire mes amis.
- Je veux que mes parents soient fiers de mon apprentissage.
- Je veux savoir quelque chose que je ne savais pas auparavant.

Les objectifs des élèves indiquent à l'enseignant enquêteur comment soutenir au mieux l'enquête des apprenants et les aider à atteindre leurs objectifs. Lorsqu'ils s'efforcent de les atteindre, des choses étonnantes se produisent !

Les élèves ne devraient pas "apprendre pour obtenir une note" ou "recevoir une bonne note à l'école". Donnez aux élèves les moyens de se fixer des objectifs hautement personnalisés, significatifs et réalisables, des objectifs qui ont un impact sur eux ou sur leur entourage.

Section 5 : Quelles preuves d'apprentissage allez-vous recueillir pour saisir tout ce que vous apprenez sur votre question essentielle ?

Les élèves réfléchissent aux stratégies et outils de preuves d'apprentissage que nous avons perfectionnés tout au long de l'année et identifient ceux qu'ils utiliseront dans leur unité d'enquête libre. Qu'ils choisissent un dossier d'enquête, un « Flip », un « Padlet » ou même un « Wonder Repository » (certains de ces outils sont décrits au chapitre 9), notre objectif est que les élèves réfléchissent et identifient ce qui fonctionne pour leur apprentissage et qu'ils l'utilisent pour soutenir leur parcours d'enquête libre.

Section 6 : Quel est votre plan ? Créez un calendrier et un plan au jour le jour pour que votre unité d'enquête libre soit une expérience d'apprentissage réussie.

Les élèves décrivent les étapes de leur unité d'enquête libre sur un modèle de calendrier. Nos élèves du collège et du lycée remplissent un calendrier personnel auquel ils réfléchissent et qu'ils révisent tout au long de leur unité d'enquête libre afin d'en assurer la réussite. Cependant, nous préférons que nos jeunes apprenants fassent un calendrier collectif, affiché en classe, où nous pouvons épingler nos objectifs et nos plans spécifiques. L'enseignant chargé de l'enquête identifie des dates d'échéance et des points de contrôle particuliers, et les élèves déterminent à quel moment auront lieu leurs dates d'échéance et leurs points de contrôle personnalisés. L'affichage public de cette ligne du temps collaborative permet à l'enseignant enquêteur de suivre et de soutenir facilement les plus jeunes apprenants de la classe. Il nous permet également de nous concentrer sur les grandes idées de l'enquête libre. Tout au long de l'unité, nous reviendrons sur ce plan et l'enseignant chargé de l'enquête nous aidera à le réviser si nécessaire. Nous savons tous qu'il est rare qu'un plan passe parfaitement de l'idée à l'exécution finale, et l'unité d'enquête libre n'est pas différente. La vie peut se mettre en travers du chemin, et la recherche peut nous mener dans des directions imprévues. La capacité à réviser tout au long du processus de l'enquête est une compétence extrêmement précieuse pour garantir le succès.

Nous recherchons trois éléments dans la vision de nos apprenants pour assurer la réussite des unités d'enquête libre. Les plans des élèves doivent être réalisables, adaptés au niveau scolaire et significatifs.

L'ENQUÊTE LIBRE DOIT ÊTRE RÉALISABLE

Les apprenants ont tendance à faire de grands rêves lorsqu'ils sont maîtres de leur apprentissage. L'unité d'enquête libre n'est pas différente. La préparation de ce moment très excitant et inspirant peut amener les apprenants à en faire plus qu'ils ne peuvent en faire. Lorsque nous aidons les élèves à planifier leur vision, nous voulons nous assurer que leur enquête est gérable et réalisable. Nous cherchons à savoir si les élèves peuvent accéder aux informations dont ils ont besoin, les récupérer et les en temps voulu et de manière efficace. Nous cherchons à savoir si les élèves peuvent exécuter une tâche dont ils seront fiers. Par-dessus tout, nous cherchons à savoir comment nous, enseignants enquêteurs, pouvons les aider au mieux dans leur apprentissage.

L'ENQUETE LIBRE DOIT ETRE APPROPRIÉE AU NIVEAU SCOLAIRE

L'enquête libre n'est pas du temps libre. Bien que la maîtrise de l'apprentissage par les élèves puisse être puissamment libératrice, il y a toujours un lien entre ce qu'ils apprennent et notre programme. Les objectifs d'apprentissage de notre cours sont toujours visibles et discutés tout au long de l'année. Les élèves doivent être en mesure d'identifier les objectifs d'apprentissage qu'ils ont atteints et ceux sur lesquels ils vont se concentrer davantage dans leur unité d'enquête libre. Il est essentiel de fournir aux élèves le langage nécessaire pour comprendre ces objectifs d'apprentissage et en discuter. Pour ce faire, nous rendons ces objectifs visibles en classe, nous les abordons au cours des expériences d'apprentissage et nous demandons à nos apprenants de réfléchir et de s'auto-évaluer au fur et à mesure. Cela permet de s'assurer que l'enquête libre n'est pas seulement un temps libre et que les progrès de l'apprentissage sont réalisés par toutes les personnes impliquées.

L'enquête libre n'est pas du temps libre. Bien que la maîtrise de l'apprentissage par les élèves puisse être puissamment libératrice, il y a toujours un lien entre ce qu'ils apprennent et notre programme.

L'ENQUÊTE LIBRE DOIT ÊTRE SIGNIFICATIVE POUR L'APPRENANT

Comme nous l'avons noté dans la section 1 de la proposition, l'enquête libre doit être significative pour l'apprenant. Lorsque les élèves peuvent expliquer en quoi leur enquête est personnellement pertinente, des choses étonnantes se produisent : leur apprentissage est lié à leur monde, leur dévouement et leur engagement envers leur sujet sont renforcés, et leur public est vraiment impatient d'en savoir plus sur leur enquête. Ils sont beaucoup plus fiers du résultat final qu'ils ne le seraient avec un travail prescrit ou assigné par l'enseignant.

Il s'agit maintenant d'aider les élèves à identifier leur thème d'enquête. Dans nos classes, nous utilisons les possibilités offertes par les quatre piliers de la recherche.

#MENTALITEDENQUETE EN ACTION

Rendez-vous sur trevormackenzie.com et accédez aux sketchs gratuits en haute résolution. Dans votre classe, montrez le sketch sur le processus d'enquête à vos élèves, soit sur l'écran du projecteur, soit sous forme d'affiche. Commencez une discussion en classe en incitant vos apprenants à utiliser ces trois questions puissantes : **Que remarquez-vous ? Que savez-vous ? Qu'est-ce que vous vous demandez ?** Comme vous utiliserez davantage ce graphique dans votre enseignement au cours des prochains mois, le fait de présenter maintenant à vos élèves le sketch sur le processus d'enquête et d'observer leurs réponses et leurs interrogations suscitées par ces questions vous fournira de nombreux renseignements précieux sur la façon de mieux répondre à leurs besoins en matière d'enquête. Comme toujours, veuillez partager avec notre communauté #MENTALITEDENQUETE.

LES QUATRE PILIERS
DE L'ENQUÊTE

L'apprentissage fondé sur l'enquête peut naître de nombreuses inspirations, expériences et passions différentes. Il est important de définir une enquête dès le départ ; nous pensons qu'il est utile d'ancrer votre apprentissage, de planifier, de réfléchir et de réviser au fur et à mesure. Les quatre piliers de la recherche–explorer une passion, viser un objectif, explorer vos curiosités et relever un nouveau défi fournissent la structure et le soutien qui vous permettront de donner à vos apprenants les moyens d'agir tout au long de ce processus.

Ils fournissent également des bases personnalisées uniques pour les expériences d'enquête, permettant aux enseignants et aux apprenants de se concentrer sur l'enquête, de créer un parcours d'apprentissage et d'identifier une direction pour l'enquête à mesure qu'ils avancent. Chaque pilier est conçu pour donner aux apprenants l'occasion de découvrir une pertinence personnelle dans leur expérience en classe. Collectivement, les piliers donnent à tous nos élèves un point d'entrée dans l'enquête et la chance d'être agents de leur propre apprentissage.

Explorer une passion permet à un élève ou à un groupe d'élèves de se lancer dans une recherche sur un sujet qui les passionne.

Viser un objectif guide les élèves vers l'atteinte d'un objectif spécifique ou fournit un cadre à un enseignant enquêteur pour répondre à une norme du programme, à une cible d'apprentissage ou à un objectif.

Explorer ses curiosités se produit lorsque l'enquête commence à partir des curiosités des élèves développées à partir d'une provocation, d'un questionnement, d'une activité ou d'une expérience particuliers.

Relever un nouveau défi est un excellent moyen d'intégrer l'apprentissage d'une nouvelle compétence, la création, la conception ou la construction dans les expériences de recherche. Ces quatre piliers vous aident également, vous, l'enseignant qui mène l'enquête, à relier toute enquête à votre programme. Examinons de plus près chaque pilier !

EXPLORER UNE PASSION

L'exploration d'une passion est très motivante pour les apprenants. Comme les passions viennent du cœur et reflètent l'intérêt personnel et la curiosité, les apprenants possèdent souvent une certaine connaissance préalable de leurs passions. Il est fort probable qu'ils les aient déjà explorées, qu'ils se soient débattus avec les hauts et les bas de leur apprentissage et qu'ils aient fait des lectures personnelles ou des recherches plus approfondies à leur sujet. Les passions de nos plus jeunes apprenants ont tendance à être des choses qu'ils connaissent bien ou dans lesquelles ils sont déjà impliqués. Ces passions créent souvent des opportunités d'apprentissage approfondi, car les

élèves sont très motivés et désireux de les explorer davantage. Leur connaissance antérieure du sujet accélère et amplifie leur recherche.

> Les passions créent des opportunités d'apprentissage approfondi, car les élèves sont très motivés et désireux de les explorer davantage. Leur connaissance antérieure du sujet accélère et amplifie leur enquête.

Au fur et à mesure que nous explorons les passions avec nos apprenants, nous trouvons utile de donner quelques exemples pour fournir un contexte, un engagement et une motivation. Nous n'utilisons pas d'exemples ou de modèles pour montrer explicitement aux apprenants comment mener leur enquête ; nous cherchons à inspirer nos élèves à travers l'impact positif d'autres jeunes.

La projection de la vidéo de Caine Arcade, donne aux apprenants l'occasion d'être témoins de l'impact positif qu'un enfant peut avoir lorsqu'il suit sa passion. Elle permet aux apprenants de visualiser les possibilités et suscite de riches discussions et une dissection du processus d'enquête possible de Caine. D'après notre expérience, cette vidéo remplit les apprenants d'excitation et d'inspiration. Nous prolongeons la vidéo par une discussion en groupe entier, en posant de nombreuses questions :

QR Code
Caine's Arcade

- Quelle est, selon vous, la passion de Caine ?
- Comment a-t-il choisi de partager sa passion ?
- Comment pensez-vous qu'il aurait pu faire des recherches sur sa passion ?
- À votre avis, sur quoi Caine s'est-il interrogé ?
- Que pensez-vous qu'il ait appris ?
- Où pensez-vous que Caine pourrait aller ensuite avec sa passion ?

Nous passons ensuite aux apprenants qui partagent leurs propres passions, en suivant certaines des questions proposées ci-dessus. Dave Shortreed, du Greater Victoria School District, décrit son expérience personnelle de l'utilisation de Caine Arcade :

Lorsque j'ai vu la vidéo de Caine Arcade pour la première fois, j'ai été immédiatement frappé par le degré d'appropriation de Caine de ses propres projets et de son apprentissage. Dès le lendemain, j'ai présenté la vidéo à mes classes de cinquième année, avec une pile de cartons et d'autres matériaux que j'avais rassemblés. Mes élèves ont été enthousiasmés et responsabilisés par la vidéo de Caine. Ils ont immédiatement demandé à commencer.

Nous avons formulé une question ouverte ensemble : Comment pouvez-vous créer un jeu auquel quelqu'un d'autre peut jouer ? Quels éléments seraient nécessaires pour que quelqu'un soit vraiment enthousiaste à l'idée de jouer à votre jeu ? Ils ont été mis au défi d'établir des liens avec notre apprentissage et de partager leur réflexion à haute voix avec notre groupe. Ils ont commencé à faire le lien entre le projet de construction d'une salle d'arcade et notre apprentissage en mathématiques, en sciences et en langues. Mes apprenants étaient aux commandes pendant toute la durée de l'activité. L'enthousiasme de Caine Arcade a fait passer ce projet d'un défi du vendredi après-midi à un projet d'enquête qui s'est étalé sur plusieurs semaines. J'ai travaillé avec mes apprenants en leur fournissant du matériel, du temps et du soutien. J'ai pris du recul et j'ai permis à mes apprenants de s'approprier l'énergie que l'apprentissage basé sur l'enquête leur apportait. C'était un processus d'apprentissage riche à observer.

Ce que j'ai remarqué chez mes apprenants, c'est à quel point leur apprentissage avait un impact sur les autres. J'ai vu des étudiants commencer et recommencer, sans ma contribution ou mon initiative, et à chaque fois les projets étaient peaufinés et mis à niveau pour améliorer la conception, le concept et la qualité. J'ai également remarqué que, même s'ils étaient fiers de leurs projets finaux, ils appréciaient tout autant le processus de création de leur jeu que le résultat. J'ai réalisé une activité similaire à celle de Caine Arcade dans deux écoles différentes, avec deux groupes démographiques différents. Dans les deux écoles, le résultat était très similaire.

Tout au long de ces projets d'enquête, mes apprenants ont été responsabilisés et cela s'est vu à travers leur enthousiasme dans le processus ainsi que dans leurs produits finaux. L'apprentissage en classe avait un but, et le niveau d'engagement était élevé parce que la tâche était accessible à tous. Cette expérience m'a fait réfléchir à la façon dont je pourrais créer à nouveau ce genre d'espace pour mes apprenants, où ils pourraient s'approprier leur propre apprentissage. J'ai découvert qu'il s'agissait plutôt pour moi de lâcher prise sur la direction que pouvait prendre l'apprentissage en tant qu'enseignant et de commencer simplement à apprendre en partageant une idée, une provocation ou un questionnement, puis en aidant mes apprenants à s'en servir. Ce type de flux d'apprentissage ne m'obligeait pas à penser à l'avance à chaque étape, leçon ou *lien avec le programme d'études, car nous avons créé ensemble l'apprentissage et les liens au fur et à mesure.*

VISER UN OBJECTIF

Viser un objectif peut être une expérience intensément gratifiante, significative et passionnante pour nos apprenants. Les élèves identifient un objectif personnalisé et s'efforcent d'approfondir leur compréhension en travaillant pour atteindre leur objectif. Les apprenants plus âgés visent souvent un objectif orienté vers un parcours professionnel ou un parcours postsecondaire. La poursuite d'un objectif est plus efficace chez les jeunes élèves lorsqu'ils travaillent à l'apprentissage ou à la maîtrise d'une nouvelle compétence.

Qu'un élève souhaite apprendre à jouer de la guitare ou à tricoter, son niveau de motivation est élevé car il a identifié un objectif intrinsèque. La mise en place d'un cadre et d'un calendrier que les apprenants peuvent suivre pour accompagner leur développement est un moyen de soutenir ce processus. Nous adorons le calendrier de vingt heures de Josh Kaufman pour l'apprentissage d'une nouvelle compétence et nous en partageons une partie avec nos apprenants plus âgés. Dans un TED Talk, Josh explique comment une nouvelle compétence peut être acquise en vingt heures par une pratique délibérée et attentive. Il précise les étapes de l'apprentissage d'une nouvelle compétence :,

"The First 20 Hours: How to Learn Anything" by Josh Kaufman

- Déconstruire la compétence. Qu'est-ce que j'espère être capable de faire ?
- Examiner la compétence et la décomposer en petits morceaux ou étapes. Quelles sont les petites

choses que je dois être capable de faire pour acquérir la compétence globale ?

- En apprendre suffisamment par le biais de ressources, d'informations et de recherches pour être en mesure de vous corriger lorsque vous vous exercez. Quelles erreurs ai-je commises, et comment puis-je m'autocorriger pour continuer à m'améliorer ?
- Supprimer les obstacles et les distractions. Comment puis-je être le plus concentré possible ?
- S'engager à pratiquer. Comment puis-je réserver du temps pour commencer à m'entraîner ?

Ce type de projet peut être très efficace lorsque des élèves plus jeunes sont en partenariat avec un groupe plus âgé, par exemple en jumelant des élèves de maternelle avec une classe de cinquième année. Le jumelage de vos jeunes élèves avec des camarades plus âgés offre des possibilités d'apprentissage extraordinaires pour toutes les personnes concernées. En apprenant à se connaître, les élèves sont amenés à trouver un intérêt et un objectif communs. Nous encourageons les binômes à réfléchir à des compétences qu'ils possèdent déjà, comme la peinture, la construction, l'origami, le tricot, etc. Ensuite, les binômes dressent une liste des compétences qu'ils aimeraient acquérir et les ajoutent à leur liste. La cuisine, la planche à roulettes, la conception de ruban adhésif et la couture sont des compétences que nous pouvons apprendre de la part d'anciens apprenants.

Nous continuons à revenir au projet de vingt heures de Josh Kaufman et aux étapes décrites. Grâce à ce processus, nous soutenons et habilitons les élèves à travers différents types de recherche pour en savoir plus sur les compétences qu'ils espèrent acquérir. Certains de nos véhicules préférés pour approfondir la compréhension sont les suivants :

- les livres de non-fiction
- les arts et l'artisanat
- les guides d'expérimentation
- tutoriels sur YouTube
- des experts locaux (si possible, les enseignants de votre école)
- des occasions et du temps pour la pratique, la réflexion et le perfectionnement

Lorsque ces projets de vingt heures se terminent, nous aimons célébrer l'apprentissage par des événements au cours desquels les élèves partagent leurs nouvelles compétences avec leurs pairs. Cette célébration nous permet d'honorer le temps, les efforts et le processus d'apprentissage que les élèves ont entrepris pour acquérir leurs compétences et fournit un public authentique avec lequel nos élèves peuvent partager leur apprentissage. Nous trouvons que cela motive davantage les élèves à partager avec leur cœur.

EXPLOREZ VOS CURIOSITÉS

L'exploration des curiosités permet aux élèves de découvrir des sujets qui les intéressent mais qu'ils n'ont jamais eu l'occasion d'explorer à l'école. Ces questions découlent généralement d'une provocation que nous avons mise en place ou d'une station d'observation que nous avons créée en classe pour inviter les apprenants à se plonger dans un sujet qui les intéresse.

Nous aimons soutenir nos apprenants de diverses manières lorsqu'ils explorent leurs curiosités. Les élèves peuvent tenir un journal de recherche et, chaque semaine, nous les invitons à écrire librement sur des sujets et des questions qui suscitent leur curiosité. Nous organisons également des promenades de la curiosité. Les élèves ont un sac ou un sac à dos pour collectionner des objets de la nature qui les intéressent. Nous aimons avoir des loupes pour que les élèves puissent examiner leurs découvertes de plus près. Les élèves peuvent également faire des observations, prendre des notes, faire des dessins et consigner leurs pensées dans un petit journal. Au retour de notre promenade, nous organisons souvent un cercle de partage et invitons les apprenants à raconter ce qu'ils ont découvert, ce qu'ils ont observé, ce qu'ils ont remarqué ou ce qui a suscité leur curiosité. Nous trouvons que créer des opportunités pour les apprenants de découvrir et d'explorer leurs curiosités mène à des expériences de recherche riches et significatives.

Le fait d'explorer les curiosités permet aux élèves de découvrir des sujets qui les intéressent mais qu'ils n'ont jamais eu l'occasion d'explorer à l'école.

Au fur et à mesure que nous apprenons à connaître nos apprenants tout au long de l'année, nous voyons des curiosités particulières émerger de leur apprentissage et de notre temps passé ensemble à l'école. Nous aimons regarder nos apprenants interagir et partager leurs curiosités les uns avec les autres. Nous prenons souvent note de leurs curiosités, en recherchant des modèles et des domaines d'intérêt accru pour mener à des enquêtes plus significatives à l'avenir. Ces observations nous aident à planifier les expériences d'apprentissage, la sélection des ressources et nos partenariats dans l'école.

Une telle curiosité a fait surface dans la classe de Kelli Meredith, enseignante à la Gordon Head Middle School :

Récemment, notre classe s'est penchée sur nos curiosités dans le cadre d'un projet d'enquête. Un élève en particulier a fait en sorte que l'expérience en vaille la peine. Sa question essentielle était la suivante : «Comment puis-je apprendre à coder un jeu vidéo auquel mes camarades de classe pourraient accéder et jouer ?».

Cet élève avait toujours été intéressé par la technologie et les bases du codage, mais n'était pas allé beaucoup plus loin. Il avait également des difficultés dans la plupart des autres matières et avait du mal à se concentrer et à s'organiser. De plus, il avait des difficultés sociales avec les autres élèves de notre classe. Il était victime d'intimidation et se sentait souvent comme un étranger, malgré les interventions et le soutien.

Alors qu'il travaillait sur son enquête, il recherchait constamment des vidéos et d'autres informations sur la meilleure façon de développer son jeu et de créer des niveaux alternatifs et plus difficiles. Je n'avais pas vu cet apprenant aussi concentré de toute l'année ! Sa seule question essentielle a conduit à tant d'autres questions étonnantes !

Lorsque son tour est venu de présenter ce qu'il avait appris, la classe s'est rendue au laboratoire informatique, où son jeu était accessible par un lien afin que tout le monde puisse y jouer en même temps. Il était incroyablement enthousiaste lorsque ses camarades se sont connectés, ont joué à son jeu et ont commencé à parler, à commenter, à rire et à l'encourager lorsqu'ils ont réussi à passer une partie difficile de son jeu. L'expression de son visage et les commentaires positifs qu'il recevait rarement de ses camarades étaient si incroyables que j'en ai eu les larmes aux yeux !

RELEVER UN NOUVEAU DÉFI

Relever un nouveau défi peut être extrêmement valorisant pour les apprenants. Notre objectif dans ce pilier est d'encourager nos apprenants à concevoir, résoudre des problèmes et créer. Parfois, nos apprenants travaillent à résoudre un problème communautaire, par exemple en soutenant une collecte de nourriture ou en aidant à nettoyer un parc. D'autres fois, ils relèvent un défi de conception en utilisant notre imprimante 3D ou en dessinant et en concevant des prototypes. Quel que soit le défi, les élèves sont enthousiasmés et motivés par celui-ci.

Nous aimons lancer des défis de résolution de problèmes dans le domaine des sciences, de la technologie, de l'ingénierie, des arts et des mathématiques (STEAM) à nos élèves, ce qui nous permet de nous concentrer sur les STEAM. Ces défis permettent à nos élèves de s'interroger de manière différente de ce qu'ils faisaient auparavant. Il est passionnant de les voir chercher comment résoudre le défi proposé, puis concevoir et créer un prototype, soit pour répondre à la question posée, soit pour présenter une solution au problème auquel ils sont confrontés.

Nous aimons utiliser l'imprimante 3D de notre école avec les élèves plus âgés, qui travaillent en binôme sur un défi de conception que nous leur proposons. La première phase du défi demande aux élèves de concevoir et d'imprimer quelque chose d'intéressant- tout ce que nous jugeons approprié et réalisable compte tenu de nos contraintes de temps et de budget. En général, les élèves créent des sifflets, divers supports pour leurs objets personnels, des récipients, des clips, des crochets ou d'autres bibelots. Au cours de cette phase, ils saisissent certaines des compétences STEAM nécessaires pour réussir avec nos outils numériques, et ils acquièrent l'expérience et la compréhension qui les guideront dans la suite du défi.

Nous introduisons la deuxième phase du défi avec le Projet Daniel, une courte vidéo YouTube sur le travail de Mike Ebeling. Il y a quelques années, Mike s'est rendu dans un Soudan déchiré par la guerre pour concevoir et imprimer des prothèses pour des jeunes qui avaient perdu des membres. Utilisez le code QR pour la regarder maintenant.

Project Daniel

Les élèves sont mis au défi de concevoir et d'imprimer quelque chose qui aura un impact sur quelqu'un d'autre. Le ton et l'énergie de la salle changent radicalement. À mesure que les élèves identifient un problème authentique et conçoivent une solution, ils s'engagent et collaborent davantage pour atteindre leur objectif. Le ton dans la salle est plus sobre, car ils se concentrent sur l'aide aux autres. Nous avons été témoins de créations étonnantes issues de ce processus, notamment des outils d'adaptation pour les élèves ayant des difficultés de motricité fine et une tentative de système de filtration et de purification de l'eau. En amenant les apprenants à se concentrer sur l'impact qu'ils peuvent avoir sur les autres, notre enquête sur les défis devient plus pertinente et plus significative pour eux. Si vous disposez d'une imprimante 3D dans votre école, pensez à essayer !

Les élèves plus jeunes bénéficient également d'un défi à relever. Un excellent exemple est apparu récemment lorsque nous avons passé du temps avec une classe de maternelle à étudier le mouvement naturel par rapport au mouvement par force appliquée, une compréhension commune du programme de sciences à ce niveau. Notre objectif était de susciter des questions chez nos apprenants par le biais de leurs observations sur la façon dont les choses bougent. L'une des provocations que nous avons utilisées était une vidéo démontrant la force du vent. Les élèves étaient si enthousiastes que nous savions que nous devions aller plus loin.

Nous avons donc lancé une enquête sur la conception, la construction et le vol d'un cerf-volant. Notre enseignant-bibliothécaire a sorti tous les livres contenant des cerfs-volants ou des images de cerfs-volants pour que nos apprenants les explorent, et nous avons également regardé divers tutoriels. Les élèves ont dressé des listes des types de modèles et de matériaux utilisés et des différentes façons de faire voler un cerf-volant, et nous avons regroupé les élèves en fonction du style de cerf-volant qu'ils concevaient. Cela nous a aidés à localiser les matériaux et à planifier les activités afin de nous assurer que chacun était soutenu et réussissait à exécuter son prototype. Chaque groupe a conçu un cerf-volant, et chaque individu a construit un modèle personnel à tester par expérimentation. Ils ont collaboré, communiqué, conçu, construit, observé et révisé leurs plans d'innombrables fois. Les compétences et la compréhension acquises par les étudiants au cours de ces expériences ont été puissantes. Envisagez d'essayer ceci avec vos apprenants !

#MENTALITEDENQUETE EN ACTION

Le chapitre sur les quatre piliers de l'enquête a fourni plusieurs ressources pour vous permettre d' aider les élèves à exploiter leurs passions, leurs objectifs, leurs curiosités et de nouveaux défis. Qu'il s'agisse de Caine Arcade, Josh Kaufman ou du Projet Daniel, nous vous mettons au défi de mettre l'une de ces ressources en action. Faites-en l'essai avec vos élèves et n'oubliez pas de partager leur réaction avec notre communauté #MENTALITEDENQUETE.

LE RÔLE DES QUESTIONS DANS L'ENQUÊTE

Au-delà de l'acquisition des caractéristiques de l'enseignant enquêteur décrites plus haut, le changement le plus important que vous puissiez faire pour intégrer l'enquête dans votre pratique est de commencer l'apprentissage par une question. Qu'il s'agisse de la vôtre ou de celle de vos élèves, les questions plantent les graines d'une enquête plus approfondie. Les questions sont le cœur de la classe basée sur l'enquête et le fondement de la mentalité d'enquête que nous cultivons chez nos apprenants.

Les bonnes idées commencent par une question.

Les questions stimulent la curiosité, l'émerveillement, l'expression et l'opinion des élèves. Elles engagent immédiatement les apprenants et créent de la pertinence en demandant aux étudiants d'accéder à leurs connaissances et à leur compréhension antérieures. Les questions devraient être utilisées à tous les niveaux de nos organisations éducatives :

- les enseignants qui guident les élèves dans leur apprentissage et leur enquête
- les accompagnateurs d'apprentissage qui soutiennent les communautés d'apprentissage professionnelles et les enseignants par le biais d'une enquête collaborative
- les directeurs d'école ou les administrateurs qui guident le personnel dans l'établissement des objectifs de l'école, du niveau scolaire et de l'équipe
- les directeurs qui créent un plan de croissance de l'organisation et des objectifs pour les individus et les institutions à tous les niveaux

Le pouvoir de l'agentivité de l'élève, et les opportunités que ce contrôle sur l'apprentissage offre, s'étendent à toute personne apprenant dans le cadre d'une enquête. Nous encourageons tout le monde, de la salle de classe au bureau du conseil d'administration, à commencer le voyage d'apprentissage par une question.

Mais quelles questions mènent à une recherche significative et à un apprentissage approfondi ? Toutes les questions méritent-elles notre temps et notre attention ? Comment construire des questions et développer des compétences en matière de création de questions afin d'autonomiser nos apprenants ? Comment pouvons-nous élaborer des questions pour les relier à notre programme et guider la conception des leçons et des unités ? Quel équilibre pouvons-nous trouver entre la modélisation des questions pour nos plus jeunes apprenants et l'ouverture de la classe pour que les élèves puissent explorer leurs propres interrogations ? Ce chapitre fait la lumière sur ces idées, explique pourquoi les questions essentielles sont cruciales dans une classe d'enquête et présente certains outils étonnants que nous utilisons pour soutenir les apprenants.

> Les questions stimulent la curiosité, l'émerveillement, l'expression et l'opinion des élèves. Elles engagent immédiatement les apprenants et créent de la pertinence en demandant aux étudiants d'accéder à leurs connaissances et à leur compréhension antérieures.

QUE SONT LES QUESTIONS ESSENTIELLES ?

Deux ressources en particulier ont renforcé notre propre compréhension du processus des questions essentielles et nous ont fourni des outils que nous utilisons quotidiennement pour aider nos élèves à devenir de solides créateurs de questions essentielles. Il s'agit de "Essential Questions : Opening Doors to Student Understanding" de Jay McTighe et Grant Wiggins et "Make Just One Change : Teach Students to Ask Their Own Questions" de Dan Rothstein et Luz Santana. Ces deux ouvrages fournissent un contexte, des liens et des exemples que nous avons trouvés inestimables pour transformer nos classes en communautés d'apprentissage basées sur l'enquête. En nous basant sur ces livres et sur nos propres expériences, nous avons rassemblé quelques caractéristiques des questions essentielles que nous utilisons avec nos élèves pour les aider à créer une compréhension commune et leur permettre éventuellement de rédiger leurs propres questions.

UNE QUESTION ESSENTIELLE FORTE DOIT ETRE OUVERTE

Les questions essentielles ne trouvent pas de réponse dans une recherche rapide sur Google. En fait, nous aimons dire que les questions essentielles ne peuvent être trouvées sur Google. On ne peut pas non plus répondre aux questions essentielles en une seule leçon ou en discutant avec un ami. Il n'y a pas de réponse unique et, en fait, la réponse à une question essentielle peut changer au fil du temps parce que notre compréhension peut changer au fur et à mesure que nous explorons différentes ressources. En tant que telles, elles requièrent un niveau de réflexion plus élevé, tel que l'analyse, la déduction, l'évaluation et la prédiction et, avec le temps, elles peuvent soulever d'autres questions et inspirer d'autres enquêtes.

Mettez vos élèves au défi de poser de grandes questions, des questions qui ne se trouvent pas sur Google, des questions auxquelles on ne peut pas répondre en regardant au dos du livre. De grandes choses vont se produire.

Une question essentielle forte doit fournir la profondeur d'étude exigée par notre cours et notre niveau scolaire.

Nous devons nous assurer qu'une question essentielle est digne de notre cours, de notre niveau scolaire et de notre temps. Une question essentielle dans une unité scientifique de cinquième année devrait être très différente d'une question essentielle dans une unité de mathématiques de première année. Le cours et le niveau scolaire déterminent dans quelle mesure chaque question essentielle doit susciter la réflexion et l'engagement intellectuel et déterminent la démonstration de la compréhension de nos élèves.

Une question essentielle forte doit être significative pour l'élève

Les questions essentielles doivent être pertinentes et authentiques pour l'apprenant. Les quatre piliers de la recherche permettront d'y parvenir. Demandez à vos élèves : «En quoi cette question essentielle est-elle significative pour vous ?». Leurs réponses seront probablement riches, personnelles et intéressantes. Nous encourageons également les élèves à expliquer pourquoi leur question essentielle est importante pour eux lorsqu'ils partagent publiquement leur travail à la fin de notre unité d'enquête libre. Leurs réflexions accrochent toujours leur public et créent un enthousiasme partagé pour leur enquête.

Dans notre classe, les élèves doivent faire preuve d'esprit critique pour répondre à une question essentielle. Au lieu de simplement chercher des réponses, ils effectuent des recherches, participent à des expériences d'apprentissage, discutent entre eux et créent une réponse originale. Nous affichons les caractéristiques suivantes dans notre classe pour rappeler aux élèves ce que leur question essentielle doit permettre de réaliser :

Votre question essentielle...

- doit susciter une réflexion approfondie
- doit solliciter la collecte d'informations et l'évaluation de données
- doit aboutir à une réponse originale
- doit aider les élèves à effectuer des recherches liées à un problème
- doit produire des idées originales plutôt que des réponses prédéterminées
- doit encourager la pensée critique, et pas seulement la mémorisation des faits.
- peut ne pas avoir de réponse

L'utilisation de débuts de questions est un excellent moyen pour les élèves de rédiger des questions essentielles. Des questions telles que Laquelle ? Comment ? Et si ? Devrait ? Pourquoi ? évoquent différents types d'informations.

Les questions «Et si» sont des questions hypothétiques demandant aux apprenants d'utiliser les connaissances dont ils disposent pour poser une hypothèse et envisager des options.

Les questions « Devrait » demandent aux élèves de prendre une décision morale ou pratique sur la base de preuves.

Les questions «Pourquoi» demandent aux apprenants de comprendre et d'envisager les causes et les effets. Elles les aident à comprendre les relations et à aller à l'essentiel d'un problème.

Nous affichons également cette liste dans notre classe et nous nous y référons souvent :

- Comment feriez-vous... ?
- Que se passerait-il si... ?
- Comment décrirais-tu... ?
- Comment... se compare-t-il à... ?

- Quelle est la relation entre... et... ?
- Que se passerait-il si... ?
- Comment pourriez-vous changer... ?
- Comment pourriez-vous améliorer... ?
- Que pensez-vous de... ?
- Pourquoi croyez-vous que... ?
- Quelle est votre opinion sur... ?
- Quel choix auriez-vous fait ?
- Que feriez-vous différemment ?
- Pourquoi pensez-vous... ?
- Comment vous y prendriez-vous pour résoudre... ?
- Si vous étiez dans cette position, que feriez-vous ?
- Pourquoi soutenez-vous/ne soutenez-vous pas... ?
- Qu'est-ce qui pourrait être amélioré dans... ?

De temps en temps, nous demandons aux élèves d'utiliser cette liste pour rédiger leurs propres questions essentielles dont nous pouvons discuter ensemble, en petits groupes et en classe. Cela nous permet d'évaluer dans quelle mesure les apprenants deviennent aptes à poser des questions riches et convaincantes.

LE RÔLE DES QUESTIONS FERMÉES DANS L'ENQUETE

Les questions fermées ont une mauvaise réputation dans le monde de l'enquête pour de nombreuses raisons. Que ce soit parce qu'elles ne mènent pas à un apprentissage approfondi, parce qu'elles peuvent être trouvées sur Google, parce qu'elles ont tendance à être axées sur le contenu (et facilement standardisées lorsqu'il s'agit d'évaluation) ou parce qu'elles ne mènent pas à une enquête approfondie, les questions fermées sont devenues synonymes de mauvaises questions.

Mais cela ne devrait pas être le cas.

Les questions fermées sont nécessaires à l'apprentissage. Elles fournissent une compréhension commune de la matière, permettant aux apprenants de collaborer et de créer un sens nouveau et souvent personnalisé. Elles fournissent le jargon permettant aux utilisateurs de parler intelligemment, de manière engageante, persuasive et confiante d'une discipline ou d'un domaine d'intérêt. En outre, les questions fermées constituent la première étape de la phase de recherche de l'enquête ; nous proposons qu'on y réponde pour explorer l'apprentissage en profondeur et les questions ouvertes.

Les questions fermées sont nécessaires à l'apprentissage. Elles ouvrent des portes puissantes permettant aux apprenants de collaborer et de créer un nouveau sens personnalisé.

Par exemple, les étudiants en littérature ne peuvent pas discuter de la manière dont les histoires sont des vecteurs de changement importants et puissants sans comprendre les outils littéraires tels que le point de vue, la métaphore, le symbolisme, la voix, etc. De même, les apprenants d'une classe d'histoire ne peuvent pas explorer comment les injustices de l'histoire peuvent être justifiées selon le point de vue de chacun sans comprendre, au moins en surface, les causes et les acteurs clés de plusieurs bouleversements historiques.

COMMENT FAVORISER UNE CULTURE DE QUESTIONS

L'enseignant curieux a pour objectif de créer une classe qui favorise une culture de questions. Ces questions, ces interrogations et ces curiosités sont le moteur de l'apprentissage, elles déterminent les ressources et les artéfacts et nous guident dans le soutien que nous apportons à nos élèves. Nos apprenants doivent comprendre que les questions sont à la base de l'apprentissage et que leurs propres interrogations seront honorées et cultivées dans la classe. Bien avant que les élèves ne fassent l'expérience de l'enquête libre, nous créons cette culture du questionnement par le biais de nombreuses méthodes, activités et objets. Tous ces moyens favorisent le même résultat : donner à nos apprenants le temps et l'espace nécessaires pour explorer les questions et leur faire comprendre que les questions ont une place importante dans notre classe.

Nos apprenants doivent comprendre que les questions sont à la base de l'apprentissage et que leurs propres interrogations seront honorées et cultivées en classe.

Nadine McIntyre, de l'école élémentaire Deep Cove, est d'accord. Chaque jour, elle pose ses propres questions à ses élèves afin qu'ils comprennent l'importance des questions dans l'apprentissage.

Pour favoriser cette culture du questionnement dans ma classe, je passe beaucoup de temps à modéliser et à partager mes propres questions. Il est important que mes apprenants sachent que je n'ai pas toutes les réponses, que je suis sur mon propre chemin

d'apprentissage tout comme eux. J'honore toutes les questions de mes élèves pour montrer qu'elles font partie intégrante de notre apprentissage. Quels que soient le sujet, l'activité d'apprentissage ou l'orientation que mes apprenants donnent à notre enquête, leurs questions ouvertes nous aident à approfondir notre apprentissage. Trouver ces moments où les voix de mes élèves peuvent briller crée une culture du questionnement dans notre classe.

En détaillant certaines des ressources et activités que nous avons utilisées pour favoriser cette culture du questionnement, nous espérons que vous en trouverez quelques-unes à adopter dans votre propre pratique.

LA TECHNIQUE DE FORMULATION DE LA QUESTION

Nous trouvons que l'un des ajouts les plus puissants à notre pratique pour favoriser une culture de questions est l'utilisation de la technique de formulation de questions telle que décrite dans « *Make Just One Change: Teach Students to Ask Their Own Questions.* » Cette technique est une stratégie fondée sur des preuves pour améliorer la capacité des élèves à formuler leurs propres questions. Trop souvent, dans une salle de classe traditionnelle, ce sont les questions de l'enseignant qui déterminent les leçons et les possibilités d'apprentissage. Cette technique renvoie ce contrôle à l'apprenant et permet aux élèves d'affiner leurs compétences en matière de création de questions, compétences qui leur permettent de résumer, d'analyser et d'évaluer les questions qu'ils ont construites.

Nous utilisons cette technique de manière échelonnée tout au long de l'année scolaire. Au cours des premiers mois et avec nos jeunes apprenants, nous modélisons le processus et démontrons notre propre réflexion à haute voix sur le projecteur ou le tableau blanc de la classe. Les élèves observent comment nous passons par les étapes de cette technique et créent de nouvelles questions passionnantes en cours de route. Lorsque l'occasion se présente naturellement, nous faisons participer les élèves à cette activité jusqu'à ce que, avec le temps, les élèves soient prêts à se lancer dans cette technique individuellement. Pour vous rendre compte de la puissance de cette technique, nous vous conseillons d'explorer le site du

« Right Question Institute » et ses pages de ressources (rightquestion.org). En poursuivant la lecture de ce chapitre, réfléchissez à la façon dont vous pouvez associer les outils de recherche que nous proposons à ce que vous apprenez sur cette technique. Nous sommes convaincus que vous aimerez ce que vous découvrirez !

LA «FICHE DE TRAVAIL» POUR LES QUESTIONS FERMÉES

Après la sélection d'un sujet d'enquête (par l'enseignant ou l'élève), nous aimons que les élèves réfléchissent à des questions fermées pendant cinq minutes. Nous ne leur accordons que cinq minutes car les élèves aiment relever le défi de trouver autant de questions que possible dans le temps imparti. Ensuite, ils classent ces questions essentielles par ordre de priorité, de la plus critique à la moins critique. Si les jeunes apprenants ont des difficultés avec l'idée de *devoir savoir*, nous leur donnons un exemple. D'autres fois, nous pouvons inviter les élèves à hiérarchiser les questions ou les interrogations en termes d'intérêt personnel et de pertinence.

Cette activité aide les élèves à identifier et à créer la première phase de leur enquête–la recherche et la réponse à ces questions–et guide nos prochaines étapes vers la localisation des informations et des ressources. Essentiellement, ces questions fermées constituent le fondement de leur apprentissage et fournissent le jargon et la compréhension commune qui leur permettront d'approfondir leur enquête.

La différenciation apparaît au fur et à mesure que les élèves ciblent les informations dont ils ont besoin, ce qui est puissant. Ce pouvoir sur l'apprentissage donne le ton pour une enquête plus approfondie–une confiance et un contrôle qui bénéficient du soutien et de l'expertise de l'enseignant.

Nous avons sarcastiquement intitulé cette activité «fiche de travail» à questions fermées. Le terme «fiche de travail» a une connotation négative, faisant allusion à un apprentissage passif et sans importance ; cependant, comme vous pouvez le constater, cette activité n'est ni passive ni sans importance. Les apprenants ont activement créé les questions et en ont ensuite identifié la pertinence. Tout ce que les enseignants n'aiment pas dans les fiches de travail est supprimé dans cette activité. De plus, nous avons constaté que les élèves aiment vraiment faire des recherches et répondre à ces questions ; ils sont enthousiastes à l'idée de travailler sur la fiche de travail, de partager des informations et d'explorer des ressources pour soutenir leur parcours. Lorsqu'ils répondent à leurs propres questions, ils sont récompensés par un sentiment de découverte qui renforce leur confiance et affine leurs compétences en matière de recherche et d'exploration.

Adaptez cette activité à votre propre classe en la réalisant en groupe, en inscrivant toutes les questions des élèves sur un tableau d'affichage ou sur une feuille de travail Google Doc. Les élèves peuvent ensuite choisir, individuellement ou par deux, une question à rechercher et à partager avec le groupe. Cet étayage permettra de modéliser le processus pour nos jeunes apprenants tout en jetant les bases de l'enquête.

LE POT DE CURIOSITÉ

Le pot de curiosité est un outil puissant pour aider les apprenants à comprendre que leurs questions sont importantes, et c'est l'un de nos moyens préférés pour encourager une culture de questions dans notre classe. Les élèves écrivent une question, une interrogation ou une curiosité et la mettent dans le pot–généralement un pot extra-large, décoré par les élèves. Périodiquement, l'enseignant utilise une question du pot comme outil pédagogique. Nous avons vu que cette méthode, utilisée de différentes manières, a donné de bons résultats.

Sur le tapis

Vous pouvez sortir des questions pendant l'heure du tapis poser aux élèves une série de questions pour les aider à accéder à leurs connaissances antérieures, à faire des liens avec les questions des autres et à trouver des ressources pour répondre aux questions. En général, vous lisez les questions à l'avance afin de formuler un plan et une approche pour la discussion. Les incitations à la discussion peuvent inclure des questions comme celles-ci :

- Quelqu'un s'est-il déjà demandé la même chose ? Parlez-nous de votre questionnement.
- Quelqu'un sait-il quelque chose qui pourrait nous aider à répondre à cette question ?
- Quelqu'un a-t-il déjà lu ou regardé quelque chose qui pourrait nous aider à répondre à cette question ?
- Si nous devions effectuer des recherches, que pourrions-nous faire pour obtenir de l'aide sur cette question ? Où pourrions-nous aller ? À qui pourrions-nous demander ?
- Cette question a-t-elle un rapport avec ce que nous avons appris en classe ou avec ce que vous avez appris à la maison ?

- Y a-t-il un ami ou un parent qui pourrait nous aider à répondre à cette curiosité ?

Vous pouvez également utiliser les technologies disponibles pour rechercher des questions avec la classe en temps réel. Par exemple, montrez aux élèves une vidéo YouTube que vous avez visionnée pour répondre à la question «Comment construit-on un igloo ? Ou encore, emmenez-les sur les ressources éducatives en ligne de la NASA pour en savoir plus sur la question «Comment les planètes de notre système solaire diffèrent-elles les unes des autres ? Cela permet aux apprenants de se familiariser avec la recherche tout en renforçant ce qui constitue une source valable et valide.

Grâce à cette activité, les élèves vous voient utiliser leurs interrogations, honorer leur curiosité en demandant à leurs camarades de classe ce qu'ils en pensent et, enfin, localiser et rechercher des informations riches en ligne pour approfondir leur compréhension. C'est un travail puissant !

Bibliothèque vivante

Faites appel aux parents de vos élèves, aux collègues de vos écoles, aux membres de la communauté ou aux hommes d'affaires, ou encore à votre communauté en ligne pour répondre aux questions du pot de curiosité. Lorsque nous confions la responsabilité du partage de l'information à notre réseau, les élèves commencent à comprendre que l'apprentissage n'est pas un modèle descendant dans lequel vous êtes le seul à détenir le savoir. L'information est accessible à travers une variété de sources riches et, dans cette situation, l'enseignant devient un facilitateur de la localisation de l'information.

Imaginez à quel point la réponse à la question d'un élève pourrait être fournie par les parents d'un camarade de classe, un autre membre du personnel, un pompier, un pharmacien ou un pilote. Lancer un appel à l'action montre comment les médias sociaux peuvent transformer l'apprentissage et peuvent être utilisés de manière puissante, respectueuse et responsable. Nous utilisons « twitter » souvent pour partager les questions de notre pot de curiosité et nous sommes agréablement surpris lorsque les gens partagent nos questions et y répondent. Nous ne savons jamais qui va répondre ou dans quelle direction on va orienter nos questions mais, le plus souvent, nous vivons une expérience d'apprentissage passionnante.

L'heure de la bibliothèque

Remettez le pot de curiosité à votre enseignant-bibliothécaire et demandez à ces alliés de l'enquête d'utiliser les questions des élèves pour élaborer des activités de recherche et trouver et rassembler des informations dans la bibliothèque. Les enseignants-bibliothécaires prévoient les questions et tirent les livres pertinents des étagères de la bibliothèque et les présentent aux élèves pour qu'ils les parcourent. Ils peuvent également encourager les élèves à essayer de trouver quelques autres livres en rapport avec leur curiosité. Il s'agit généralement d'une expérience intéressante, car les élèves se mettent généralement par deux et partagent les livres qu'ils ont découverts dans un espace confortable de la bibliothèque en réfléchissant à la question suivante : comment savez-vous que le ou les livres que vous avez sélectionnés sont liés à votre question ? Les élèves peuvent emprunter ces titres et les lire pour approfondir leur compréhension de leur questionnement.

Façonner l'apprentissage

Utilisez les questions du pot de curiosité comme tremplin pour d'autres plans d'apprentissage dans votre classe. En utilisant les questions issues d'une discussion sur le tapis, vous pouvez établir des liens avec d'autres parties du programme scolaire. Par exemple, la curiosité de l'igloo que nous venons de mentionner pourrait être liée à un apprentissage plus approfondi des écosystèmes et des habitats en sciences ou de la culture et de l'histoire en sciences sociales. L'exemple de la NASA pourrait être lié aux objectifs scientifiques et aux résultats en mathématiques. Les deux questions se prêtent également bien à l'approfondissement de l'alphabétisation par la lecture de livres que les apprenants empruntent à notre bibliothèque. Les liens entre nos programmes d'études apparaissent clairement et de manière significative dans cette activité. La pertinence est clarifiée et les possibilités d'apprentissage transdisciplinaire se présentent. Pour les élèves plus jeunes, nous planifions souvent nos unités d'étude structurées et contrôlées en utilisant le pot de curiosité comme tremplin pour la conception de nos leçons et unités.

LE MUR DES QUESTIONS

Le mur des questions est un espace dédié où les élèves peuvent afficher leurs émerveillements, leurs questions et leurs curiosités de manière visible et collective. Comme le pot à curiosités, le mur des questions est une autre activité que nous utilisons de manière inspirante pour responsabiliser les apprenants en leur montrant que leurs questions comptent et que leurs voix peuvent façonner l'apprentissage dans notre classe.

Dans la salle de classe

En installant un mur des questions dans nos salles de classe, nous démontrons l'importance des questions des élèves dans notre espace d'apprentissage partagé. Les élèves notent leurs interrogations, les affichent sur le mur des questions et reçoivent ensuite un soutien pour approfondir leur compréhension de leur question. Ce processus contribue à créer un état de mentalité d'enquête, qui valorise les questions comme point de départ de l'apprentissage, honore la voix des élèves et encourage la créativité et l'autonomie dans la classe.

Dans nos classes primaires, nous prenons des photos de chaque élève, en l'invitant à prendre la pose de la «curiosité profonde». Nous imprimons et plastifions les images et les affichons le long d'un mur. Lorsque c'est possible, nous aimons les afficher sur toute la longueur de la classe pour que les élèves visualisent l'importance de leurs questions et l'ampleur de leur voix. Nous ajoutons une bulle de pensée plastifiée à chaque image pour donner l'impression que leurs interrogations sont exposées à la vue de tous. Les élèves sont encouragés à écrire leur question dans leur bulle de pensée pour s'engager à l'explorer davantage. Lorsqu'ils ont terminé leurs recherches et approfondi leur compréhension, ou lorsqu'une nouvelle question fait surface, les élèves effacent simplement leur question et en écrivent une nouvelle à la place. Comme vous pouvez le voir sur la photo du mur de Rebecca, vous pouvez également participer en ajoutant votre propre photo et votre propre question sur le mur.

Comme pour le pot de curiosité, vous pouvez utiliser ces questions pour démontrer les voies de recherche. Les élèves pourraient découvrir, par exemple, comment localiser et sélectionner des ressources riches et valides, comment accéder à notre bibliothèque vivante, comment collaborer davantage avec notre enseignant bibliothécaire et comment façonner l'apprentissage en classe.

Les élèves adorent cette grande version du mur des questions. Ils aiment regarder les questions de leurs camarades de classe et en parler ensemble. Ils apportent leurs propres pensées, personnalités et compréhensions aux questions des autres et, ce faisant, deviennent des contributeurs actifs dans le processus d'apprentissage plutôt que des consommateurs passifs. Les élèves sont enthousiastes lorsque de nouvelles interrogations sont écrites ou lorsque l'enseignant explore leurs questions en classe. Ces discussions servent de tremplin pour créer des apprenants à vie, des élèves qui comprennent leur rôle dans la classe de l'enquête dès leur plus jeune âge.

Rebecca Bushby, George Jay Elementary

Dépôts de questions

Les dépôts de questions sont une variante personnalisée du mur des questions, mais avec le même objectif : créer un espace où les curiosités et les merveilles des élèves peuvent être logées pour être ensuite explorées plus en profondeur. Le pouvoir des dépôts de questions réside dans le fait que les élèves disposent d'un seau ou d'un sac privé dans lequel ils peuvent stocker leurs questions. Des écrits, des images, des œuvres d'art, des artéfacts et des témoignages de leur imagination sont autant d'éléments que les apprenants aiment ajouter. Les élèves décorent leurs seaux et leurs sacs, une activité artistique significative lorsqu'elle est associée à une question telle que : lorsque vous fermez les yeux et que vous pensez à un émerveillement, qu'est-ce qui transparaît ? Quelles sont les couleurs que vous voyez ? La beauté et la personnalisation qui en résultent sont étonnantes !

Les élèves peuvent ajouter des éléments à leurs sacs et seaux à tout moment, et vous pouvez fournir des incitations et des provocations pour encourager le processus. Nous suggérons que les apprenants tiennent également un journal pour noter leurs pensées. Les occasions de sortir le journal et les artéfacts pour aider à façonner l'apprentissage, informer l'enseignement et aider à l'évaluation sont nombreuses. Que ces émerveillements soient utilisés comme une évaluation de la langue orale ou comme une incitation à l'écriture pour aider à l'évaluation des compétences en écriture, les élèves parlent toujours de manière plus engageante et écrivent plus joliment lorsque le sujet concerne quelque chose qui les intéresse et qui suscite leur curiosité.

Invitations à se questionner

Les invitations à se questionner peuvent être utilisées pour encourager les élèves à écrire sur des objets de leur répertoire d'émerveillement ou pour encourager l'écriture imaginative, la créativité et l'exploration de leurs émerveillements. Essayez d'utiliser une seule invitation ou d'en afficher plusieurs et laissez les élèves choisir celle qui les inspire le plus.

- D'où vient cet objet, selon vous ?
- À votre avis, de quoi cet objet est-il fait ?
- À votre avis, qui utiliserait cet objet, et de quelles manières différentes pourrait-il être utilisé ?
- Pourquoi pensez-vous que cet objet a été inventé ?
- D'après vous, que se passerait-il si une partie de cet objet venait à manquer ? Pourrait-il être utilisé à d'autres fins ?
- Pourquoi pensez-vous que cet objet fait partie de notre environnement naturel ? Quel est son rôle ?
- D'après vous, que se passe-t-il après que nous avons utilisé cet objet ? Où va-t-il ? Comment se décompose-t-il ?

- Concentrez-vous sur cet objet. Quelles sont les différentes parties de l'objet que vous remarquez ?
- Si vous pouvez regarder votre objet à travers une loupe puissante, qu'imaginez-vous voir et découvrir sur cet objet ?
- À votre avis, que pourrait-il arriver à cet objet s'il était mouillé ?
- Que pensez-vous qu'il arriverait à cet objet s'il restait trop longtemps au soleil ou dans un endroit chaud ?
- Comment pensez-vous que nous aurions utilisé cet objet il y a cinquante ans ?
- Comment cet objet se déplace-t-il ? Pensez-vous qu'il puisse se déplacer naturellement ou qu'il faille appliquer une force pour le faire ?
- Comment cet objet pourrait-il aider les autres ? Que pourrait-il leur permettre de faire ?
- Comment pensez-vous que les animaux utiliseraient cet objet ?
- Cet objet existera-t-il encore dans dix ans ? Où pensez-vous qu'on puisse le trouver ? Sera-t-il encore utile ?
- À votre avis, quelles autres utilisations les gens pourraient-ils faire de cet objet ?
- Que verriez-vous si vous montiez en haut de l'arbre dans la cour de récréation ?
- À votre avis, à quoi ressemblait notre école il y a cinquante ans ?
- Quand vous regardez par la fenêtre, que voyez-tu ? Qu'arriverait-il à cette zone si une tempête passait par là ? De quel type de tempête s'agirait-il ?
- Que verriez-vous si vous faisiez de la plongée sous-marine ?

- Imaginez que vous êtes un oiseau ; que verriez-vous si vous voliez au-dessus de notre ville ?
- Imaginez que vous êtes assis dans une fusée ; quelle impression cela vous ferait-il de décoller ?
- À votre avis, qu'est-ce que ça fait de voyager avec les bagages enregistrés dans un avion ?
- Imaginez que vous êtes au milieu de la forêt tropicale; qu'entendez-vous ?
- Comment pensez-vous que les arcs-en-ciel sont fabriqués ?
- Pourquoi pensez-vous qu'il y a du brouillard ?
- Comment pensez-vous qu'un lion pourrait survivre en ville ?
- À votre avis, comment les abeilles travaillent-elles ensemble dans leur ruche ?

Dans la bibliothèque

Dans la bibliothèque, l'enseignant bibliothécaire crée un mur des questions sur un tableau d'affichage où tous les élèves peuvent afficher leurs questions à l'aide de notes autocollantes. Les élèves peuvent afficher des questions lorsqu'une question se pose au cours d'une visite et qu'il n'est pas facile d'y répondre. L'enseignant bibliothécaire peut utiliser ces questions pour orienter les leçons sur la recherche, la localisation des informations et la recherche de sources crédibles et appropriées. On utilise également ces questions pour lancer une conversation. Des paires d'élèves choisissent une question, en discutent et voient ensuite s'ils peuvent trouver un livre dans la bibliothèque en rapport avec leur enquête. En outre, l'enseignant-bibliothécaire peut se concentrer sur les compétences littéraires, telles que la prise de notes, la fourniture de preuves pour les réponses, et les compétences en matière de connexion et de déduction. Lorsque ces compétences apparaissent sur le mur des merveilles dans l'espace de la bibliothèque, les élèves ont la possibilité d'établir des liens puissants du bout des doigts. Que la compétence soit liée aux livres, aux sources numériques et aux bases de données, ou à l'expert en recherche présent dans la salle, elle est renforcée par la pertinence des questions posées par les apprenants sur le mur des questions.

Jane Spies, ancienne enseignante-bibliothécaire à la Shoreline Middle School, nous explique comment elle a utilisé le mur des questions dans son espace bibliothèque :

> Dans notre bibliothèque, les élèves sont invités à écrire une question sur un autocollant et à l'ajouter à notre mur des questions quand ils le souhaitent. Parfois, les élèves ajoutent leurs propres questions sans que je m'en aperçoive ; d'autres fois, j'entends un élève poser une question qui nécessite plus de temps pour y répondre complètement ou qui, à mon avis, intéresserait d'autres élèves, alors je leur demande de l'ajouter à notre mur des questions. Toutes les questions « hors sujet » qui surgissent pendant le cours sont également ajoutées à notre mur des questions pour être explorées plus tard, peut-être à la fin d'une unité d'enquête, pendant le temps consacré au mur des questions dans les cours de bibliothèque, ou pour renforcer une compétence. Par exemple, j'utilise souvent les questions pour montrer comment poser des questions ouvertes et fermées, trouver des informations ou des sources crédibles et appropriées.
>
> Les questions sur le mur de la bibliothèque ne sont pas nécessairement liées à un seul sujet ; elles couvrent un large éventail de choses. Le mur des questions permet aux élèves de devenir des experts sur un sujet et d'approfondir leur apprentissage de manière authentique. Par exemple, chaque année, mes élèves apprennent à leurs parents la différence entre les questions ouvertes et les questions fermées lors de conférences

menées par les élèves. Les parents et les élèves créent ensemble des questions pour le mur des questions- certaines profondes, d'autres sans profondeur et hilarantes, et d'autres encore auxquelles ils veulent vraiment trouver des réponses. Il est étonnant de voir les élèves et les parents s'engager dans la simple activité de poser des questions. C'est un moyen fantastique pour eux d'en apprendre davantage les uns sur les autres d'une manière sûre, amusante, engageante et significative.

À un moment donné, les élèves veulent des réponses aux questions sur le mur. Avant de les laisser explorer les ressources, approfondir leur apprentissage et trouver des réponses, je leur rappelle l'importance d'établir un lien avec une question, où et comment recueillir des informations dans notre bibliothèque, l'importance de poser d'autres questions pour approfondir leur compréhension et de s'appuyer sur leurs connaissances antérieures pour déduire les réponses à toute nouvelle question. Le mur des questions donne aux élèves la possibilité de mettre en pratique et de transférer les compétences en matière de recherche qu'ils ont acquises en classe en utilisant leurs propres questions. Il est intéressant de noter que les questions apparemment les plus insignifiantes mènent souvent aux apprentissages les plus profonds et les plus passionnants !

En ligne

Nous aimons créer un mur virtuel des questions, un espace en ligne permettant aux élèves de partager leurs questions avec leurs camarades de classe tout en renforçant leur compréhension de la citoyenneté numérique. Nos élèves les plus silencieux et introvertis trouvent cette option extrêmement responsabilisante. Ils ne sont pas submergés par la voix de leurs camarades, ils peuvent prendre le temps de réfléchir et d'élaborer leur question avant de la poster, et ils

Jane Spies, Shoreline Middle School

se sentent beaucoup plus sûrs d'eux que si on leur demandait d'utiliser le mur des questions collaboratif en classe ou à la bibliothèque. Voici quelques outils et plateformes en ligne que nous aimons beaucoup. Tous ces outils sont intuitifs, collaboratifs et gratuits.

Flip

Flip est une plateforme de vidéo-réponse dans laquelle vous et vos élèves postez des sujets, enregistrez des réponses à des invites, et répondez et collaborez avec leurs pairs. Flip est l'une de nos plateformes préférées pour faire entendre la voix des élèves et rendre leur réflexion visible. Elle est facile à utiliser et favorise la confiance et l'appropriation du partage de la compréhension. Les enseignants peuvent facilement et en toute sécurité envoyer les réponses des élèves aux parents comme preuve de leur apprentissage, créant ainsi une fenêtre virtuelle sur ce qui se passe dans la classe au jour le jour.

Nous avons trouvé qu'il était extrêmement puissant de se communiquer de manière transparente avec les parents et les élèves et de constater l'impact de notre collaboration et de notre partage. La version payante de Flip offre un autre avantage : les élèves commencent à interagir avec leurs camarades en utilisant la plateforme. Ils fournissent des commentaires, des conseils, avant même de s'en rendre compte, une communauté d'apprentissage a vu le jour, dans laquelle l'enseignant n'est pas le seul à pouvoir approfondir la compréhension. C'est plutôt un partenariat entre l'enseignant et les élèves qui est désormais le moteur de l'apprentissage.

Answer Garden

« Answer Garden » est une interface puissante axée sur le texte qui vous permet d'afficher des messages-guides pour votre classe et de permettre aux élèves de publier leurs idées et leurs opinions sur ces messages. Les élèves n'ont qu'à taper leurs pensées et à les soumettre à cet espace collaboratif où toutes les entrées sont rassemblées. L'une des grandes caractéristiques de « Answer Garden » est que la voix des élèves est communiquée à la classe en temps réel, ce qui permet au public de voir les opinions uniques de leurs camarades ainsi que les opinions qu'ils peuvent partager. Les contributions soumises par plusieurs élèves sont affichées dans une plus grande taille de police, reflétant le soutien de la classe pour une opinion commune. Vous pouvez même enregistrer le nuage de mots visuel pour vous y référer plus tard dans l'apprentissage. Nous aimons utiliser ces images sauvegardées pour réfléchir à la façon dont nos interrogations ont changé et aux nouvelles opinions et compréhensions que nous avons formées. De plus, le fait de faire parler ou écrire les élèves dans le cadre de cette activité de réflexion est un processus très pertinent et personnellement significatif.

Padlet

Padlet est une plateforme qui vous permet de créer un mur numérique virtuel vierge où vous pouvez recueillir les voix, les réponses et les opinions des élèves dans un format visuel. Vous pouvez aller au-delà d'une invitation textuelle et inclure des documents, des images, des vidéos et de la musique comme provocations et interrogations pour susciter l'intérêt et inspirer les élèves. Vous pouvez facilement partager ces murs numériques collaboratifs avec un public de parents, d'autres enseignants ou votre réseau de pairs. Nous aimons utiliser Padlet comme un tableau d'affichage virtuel de nos réflexions collectives sur une question basée sur l'un des quatre piliers de la recherche. Les élèves peuvent établir des liens avec leurs pairs sur le mur en établissant des similitudes ou des intérêts communs, des idées et des passions. La communauté d'apprentissage qui émerge est puissante grâce à la facilité d'utilisation de Padlet et à l'autonomie dont jouissent les apprenants en contrôlant davantage le processus de partage et de publication.

Recap

Recap est une puissante plateforme de questions-réponses qui offre à votre classe un écosystème permettant de partager des réflexions et de collaborer les uns avec les autres. Vous posez une question (nous aimons poster de courtes vidéos), et les élèves répondent en posant leurs propres questions ou en s'interrogeant. Chaque question d'un élève crée un prolongement du voyage et fournit un espace et une structure pour que ses camarades puissent répondre et même poster leur propre réponse vidéo. Une caractéristique astucieuse est que la limite de caractères pour les réponses textuelles aux questions des autres est assez élevée, ce qui permet aux élèves de laisser une réponse détaillée et significative aux questions qui les intéressent.

Collectivement, ces outils offrent des possibilités fantastiques pour élargir la recherche et approfondir la compréhension. Tout d'abord, vous pouvez facilement les partager avec les parents et d'autres membres de la famille qui pourraient vous féliciter, vous conseiller et vous soutenir. Nous envoyons souvent par courriel nos questions hebdomadaires aux parents dans le cadre de notre bulletin de classe afin qu'ils aient un aperçu des liens que leurs fils et leurs filles établissent en classe. Lors de la soirée des parents, qu'elle soit dirigée par les élèves ou par les enseignants, vous pouvez partager ces plateformes comme preuve de l'apprentissage. Lorsque les parents voient plus que l'écriture de leur enfant–peut-être une réflexion vidéo ou un enregistrement de questions–ils obtiennent une image plus détaillée et personnalisée de l'état d'avancement de l'apprentissage de leur enfant et de ce que nous devons faire ensuite.

Deuxièmement, nous aimons « twitter » ces questions numériques aux membres de notre communauté et leur demander de soutenir nos apprenants dans l'exploration de leurs questions. Nous sommes toujours agréablement surpris par les personnes qui répondent–des astronautes aux politiciens en passant par les célébrités et les héros sportifs–et par les résultats de nos échanges, mais nous sommes convaincus que l'échange de réflexions sur Twitter a un énorme potentiel. Naturellement, les élèves sont témoins de l'impact des médias sociaux lorsqu'ils sont utilisés pour créer de nouvelles compréhensions et expériences.

Troisièmement, les compétences en littératie numérique sont renforcées lorsque nous collaborons sur notre mur des merveilles virtuel. En devenant des adeptes compétents de la technologie, des utilisateurs d'une plateforme et des contributeurs à une interface à un jeune âge, avec le soutien et les conseils d'un enseignant, nous créons les bases de solides compétences en littératie numérique pour toute la vie.

En utilisant ces outils–ou d'autres de votre choix- vous pouvez générer de nombreuses questions ouvertes. Une fois qu'une question est créée, qu'elle soit celle de l'enseignant ou qu'elle provienne d'une interrogation ou d'une curiosité des élèves, il est temps d'explorer et d'approfondir l'enquête.

#MENTALITEDENQUETE EN ACTION

Dans ce chapitre, nous avons présenté une série de moyens efficaces pour vous aider à créer une culture du questionnement dans votre classe, notamment le pot de curiosité, le mur des questions, la fiche de travail pour les questions fermées. Nous avons également proposé plusieurs outils en ligne tels que Flip, Padlet, Answer Garden et Recap. Choisissez parmi ces outils et mettez-les en pratique dans votre classe. Partagez la photo d'une curiosité, d'une merveille, d'une fiche de travail pour une question fermée. Partagez une vidéo de Flip, un lien vers votre Padlet, une photo de votre Answer garden. Quelle que soit votre décision, n'oubliez pas de la partager avec notre communauté. #MENTALITEDENQUETE

EXPLORATION ET RECHERCHE : L'ENSEIGNANT BIBLIOTHÉCAIRE EN TANT QU'ALLIÉ DE L'ENQUÊTE

Former des penseurs critiques et des chercheurs attentifs est un avantage considérable de l'adoption d'une approche de l'apprentissage basée sur l'enquête. Dans notre monde de plus en plus connecté où la technologie a accéléré la facilité de localisation et d'accès à l'information, nos apprenants sont confrontés à des défis comme aucune autre génération avant eux en termes de besoin d'évaluer le contenu et de déterminer si une source d'information est valide, nécessaire et utile. Pour les préparer au mieux à se débattre avec un nombre apparemment infini de sites web et de sources de médias numériques, les éducateurs doivent leur enseigner des compétences en matière d'exploration et de recherche. Et le partenaire le plus puissant qu'un enseignant puisse avoir est l'enseignant bibliothécaire.

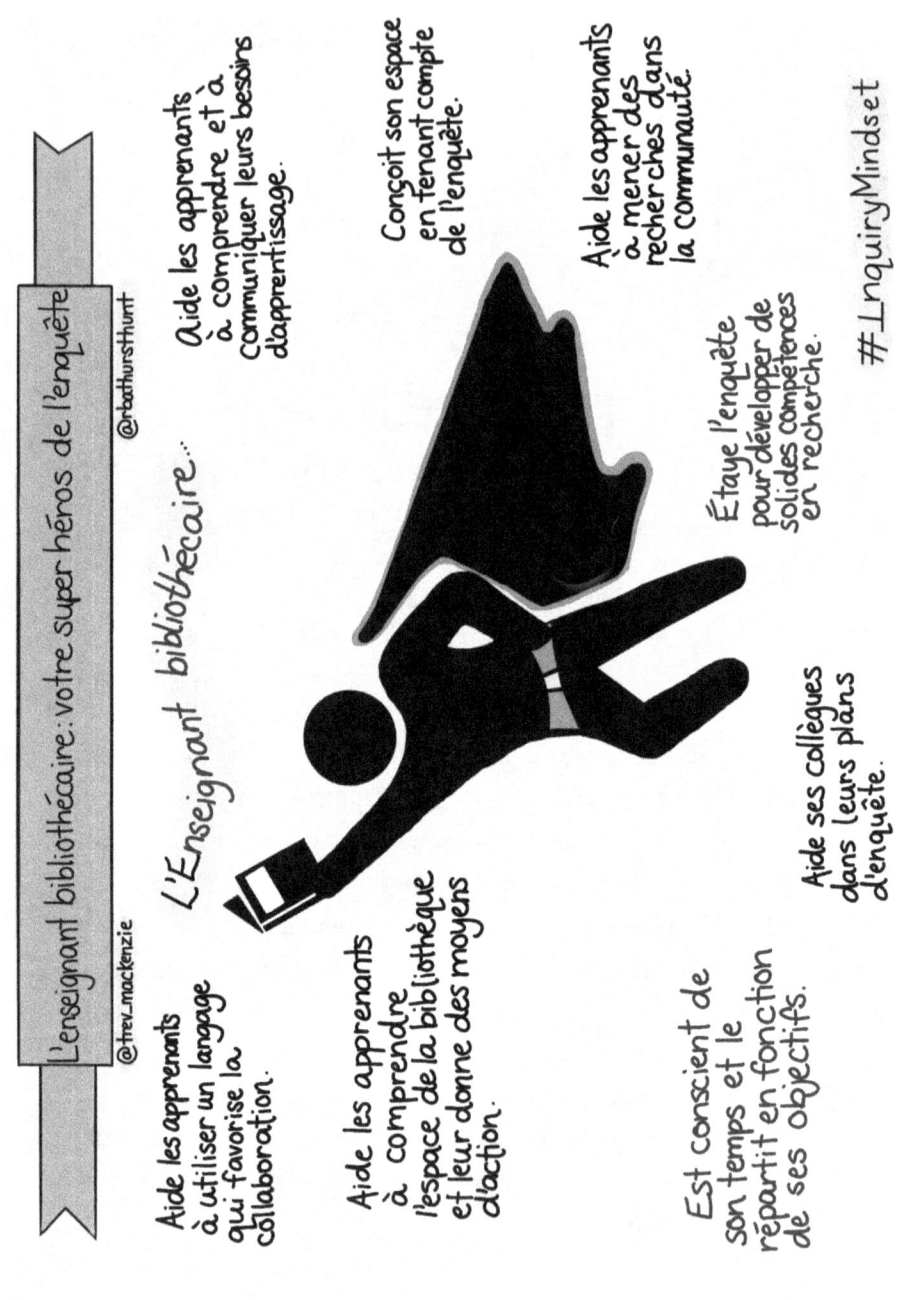

 Le partenaire le plus puissant qu'un enseignant puisse avoir est l'enseignant bibliothécaire.

L'époque de la bibliothèque silencieuse est finie. Traditionnellement, il s'agissait d'un espace où l'apprentissage était une activité isolée, consistant principalement à trouver un livre et à lire avec un bibliothécaire ou en silence pour soi-même. La bibliothèque d'aujourd'hui ressemble à un lieu d'apprentissage commun, un espace vivant où la collaboration et le soutien à l'apprentissage sont la norme. Dans les bibliothèques que nous avons visitées, nous avons constaté que les apprenants avaient la possibilité d'accéder à des ressources en ligne, de bénéficier d'un tutorat, de collaborer avec leurs pairs (même entre groupes d'âge), de créer du contenu, d'organiser des réunions, et même de lire et d'étudier ! Ces espaces comprennent une gamme variée d'outils d'apprentissage, au-delà des ressources matérielles et des livres ; ils sont remplis d'équipements numériques, d'espaces de fabrication et de services de publication, offrant aux apprenants de nombreuses possibilités de créer plutôt que de simplement consommer.

Et l'enseignant bibliothécaire d'aujourd'hui est le facilitateur de ces lieux communs d'apprentissage. Les enseignants bibliothécaires sont très compétents pour identifier un défi, planifier un parcours d'apprentissage et fournir le soutien nécessaire pour atteindre les objectifs. Ces éducateurs encouragent la collaboration, facilitent la recherche et l'accès à l'information en ligne. Ils sont à l'affût des tendances technologiques et savent comment aider au mieux nos apprenants à acquérir et évaluer l'information. Nous aimons nos enseignants-bibliothécaires !

L'une des tâches les plus importantes des enseignants-bibliothécaires du primaire est d'enseigner à nos plus jeunes apprenants comment collaborer et communiquer correctement avec d'autres apprenants. Ils enseignent aux élèves comment faire ce qui suit

- écouter activement leurs camarades
- évaluer les forces et les faiblesses du point de vue d'une autre personne
- poser des questions pour approfondir la conversation et créer de nouvelles compréhensions
- rechercher des solutions aux problèmes
- réfléchir à leur rôle dans la collaboration

Les enseignants-bibliothécaires sont à l'affût des tendances technologiques et savent comment aider au mieux nos apprenants à acquérir et évaluer l'information.

Ces compétences constituent la base des compétences de réflexion supérieures–analyse, évaluation et création–sur lesquelles nos apprenants s'appuieront plus tard dans leur parcours éducatif. Ces compétences favorisent l'empathie et la compassion envers les autres, des traits qui nous tiennent à cœur lorsque nous travaillons avec nos apprenants.

Nous avons découvert que les enseignants bibliothécaires disposent de nombreuses et puissantes ressources pour aider les élèves à acquérir ces compétences.

Les enseignants bibliothécaires conçoivent leur espace en pensant à l'enquête.

La conception d'un espace commun d'apprentissage a un impact sur la façon dont les apprenants utilisent l'espace. Si nous voulons que les apprenants fassent des recherches, collaborent, créent ou soient attentifs, nous devons leur fournir des espaces spécifiques pour chacune de ces activités uniques. Les enseignants bibliothécaires doivent montrer comment ces espaces sont utilisés, enseigner explicitement aux apprenants les avantages et l'objectif de chaque espace, et leur donner la possibilité de choisir l'espace dont ils ont besoin.

L'Anzac Park Public School, une école primaire très innovante de Sydney, en Australie, est un exemple puissant de la manière dont l'aménagement de l'espace soutient l'apprentissage. Anzac Park dispose d'espaces d'apprentissage axés sur l'avenir, un concept de conception permettant aux espaces d'évoluer et de s'adapter aux changements des pratiques éducatives. Ces espaces d'apprentissage offrent aux enseignants et aux apprenants la flexibilité nécessaire pour collaborer, réfléchir et partager. Le mobilier modulaire et la conception spécifique des espaces d'apprentissage permettent à l'apprenant de réfléchir à ses besoins d'apprentissage individuels et de concevoir ou de sélectionner l'espace le mieux adapté au besoin identifié.

Quatre espaces d'apprentissage sont utilisés à Anzac Park : la grotte, la source d'eau, le feu de camp et la vie. Ces espaces d'apprentissage sont issus du travail de David Thorpe, « *Campfires in Cyberspace* », et chacun est utilisé à des fins différentes. La directrice Unity Taylor-Hill développe la vision de l'école :

> *À l'Anzac Park Public School, notre objectif est de créer un environnement où le personnel et les élèves collaborent dans leur apprentissage, permettant à chacun de réaliser son potentiel grâce à un programme d'études innovant et négocié*

qui met au défi et soutient tous les membres de la communauté scolaire.

Nous reconnaissons que nous devons créer des environnements d'apprentissage et d'enseignement où le programme et la pédagogie reflètent le monde d'aujourd'hui. À Anzac Park, nous nous engageons à fournir des espaces d'apprentissage conçus pour être configurés de différentes manières afin de répondre aux besoins d'apprentissage des élèves. Nos espaces d'apprentissage ciblés nous permettent de placer l'apprentissage des élèves au cœur de notre prise de décision. Ils offrent des possibilités d'apprentissage social et collaboratif, de mise en œuvre intégrée du programme d'études, d'un mélange d'enseignement et d'apprentissage dirigé par l'enseignant et par l'étudiant, d'apprentissage indépendant, de travail par projet, d'enseignement direct, de pensée innovante et créative, d'établissement de relations et de résolution de problèmes.

La conception d'un espace d'apprentissage flexible est inclusive en permettant différents styles d'apprentissage et plus d'expérimentation. Elle permet aux étudiants et aux enseignants de se déplacer plus facilement dans différents types d'espaces d'apprentissage, tant physiques que virtuels, en garantissant que l'environnement reste flexible. L'accent que nous mettons sur les espaces d'apprentissage flexibles à Anzac Park permet aux enseignants de construire et d'adapter l'apprentissage pour répondre aux besoins des élèves, de personnaliser l'enseignement et de permettre aux élèves d'explorer différents modèles d'apprentissage.

À Anzac Park, nous avons mis en œuvre les environnements d'apprentissage archétypaux du futuriste David Thornburg pour guider notre politique en matière d'espaces d'apprentissage. Ces métaphores permettent aux élèves de réfléchir activement au type d'apprentissage requis pour chaque leçon et à la manière dont l'espace physique doit être modifié pour répondre à l'apprentissage en cours. Ces archétypes sont activement enseignés aux étudiants afin que ceux-ci comprennent les différents comportements d'apprentissage requis pour chacun des archétypes.

Examinons maintenant de plus près ces métaphores :

La grotte est un espace privé où un individu peut penser, réfléchir et transformer l'apprentissage de connaissances externes en compréhensions internes. C'est un lieu de travail indépendant, de réflexion et d'auto-évaluation. Les apprenants utilisent la grotte lorsqu'ils ont besoin d'un espace calme pour travailler, lorsqu'ils ont besoin d'un certain temps pour ne pas être dérangés, et lorsqu'ils veulent rester concentrés sur leur tâche. Les recoins, les espaces d'angle, les bureaux individuels ou les postes de travail informatiques font tous partie de la conception de la grotte.

La source d'eau est un espace informel où les pairs peuvent partager des informations et des découvertes, jouant simultanément le rôle d'apprenant et d'enseignant. C'est un espace pour les idées et la promotion d'une compréhension partagée. Il est destiné aux temps de collaboration en groupe. Les apprenants utilisent cet espace lorsqu'ils veulent travailler en équipe, partager et écouter les opinions des autres. Tout le monde contribue dans cet espace. On y trouve des tables circulaires, des meubles conçus pour les groupes ou tout ce qui ressemble à une station de collaboration.

Le feu de camp est un espace où les gens se réunissent pour apprendre d'un expert. Les experts ne sont pas seulement des enseignants, mais aussi des étudiants qui sont habilités à partager leur apprentissage avec leurs pairs et leurs enseignants. Les rassemblements plus importants, tels que les réunions de classe, les cercles de discussion, les partages de classe, les débats ou d'autres activités de classe, ont lieu autour du feu de camp. Dans cet espace, les apprenants s'efforcent d'être des auditeurs actifs, de répondre aux questions et de respecter la voix de leurs camarades lorsque d'autres partagent.

La vie est un espace conçu pour soutenir l'application des connaissances et constitue une composante essentielle du processus d'apprentissage. Lorsque nous apprenons quelque chose en prévision de son utilisation immédiate, nous renforçons non seulement notre propre compréhension, mais nous augmentons également la probabilité que ce que nous apprenons ne soit pas oublié.

Les apprenants sont encouragés à réfléchir à leurs besoins d'apprentissage, à réaménager la salle pour répondre à ces besoins, et à poursuivre la réflexion et l'adaptation au fur et à mesure de leur apprentissage. Il s'agit d'un excellent exemple de la façon dont la conception non seulement soutient l'agentivité, mais permet également l'enquête. Les élèves font l'expérience d'une spirale d'apprentissage qui soutient continuellement la métacognition, l'appropriation et la responsabilité de leur rôle dans la classe. Le résultat est l'encouragement de la mentalité d'enquête que les enseignants s'efforcent d'obtenir. Qu'il s'agisse de livres, d'outils numériques ou d'espaces diversifiés, l'utilisation par Anzac Park des archétypes d'environnements d'apprentissage de Thorpe permet de marier la conception avec le cœur des communs d'apprentissage–un espace pour apprendre, collaborer et créer.

Espaces d'apprentissage

@trev_mackenzie
@rboathursthunt

La grotte — La grotte est un espace privé où un individu peut penser, réfléchir, et transformer l'apprentissage de connaissances externes en compréhensions internes. Un lieu pour le travail indépendant et la réflexion.

La source d'eau — La source d'eau est un lieu informel où les pairs peuvent partager des informations et des découvertes en jouant simultanément le rôle d'apprenant et d'enseignant. Un lieu pour le temps de collaboration en groupe.

Le feu de camp — Le feu de camp est un espace où les gens se rassemblent pour apprendre d'un expert. Les experts ne sont pas seulement des enseignants mais aussi des étudiants qui ont le droit de partager. Un lieu de rassemblement et de partage en grand groupe.

La vie — La vie est un espace conçu pour soutenir l'application des connaissances et constitue une composante essentielle du processus d'apprentissage. On apprend quelque chose et on le met en pratique. Un lieu pour l'application des connaissances.

#InquiryMindset

Inspired by: David Thorpe

L'agentivité des étudiants ne se limite pas à fournir des options pour les devoirs.
Il s'agit de donner aux apprenants les moyens de comprendre réellement ce dont ils ont besoin et comment ils peuvent satisfaire ces besoins.

Les enseignants-bibliothécaires aident les apprenants à comprendre et à communiquer leurs besoins d'apprentissage.

Les élèves qui peuvent réfléchir à leur apprentissage, au lieu de se concentrer simplement sur l'objectif d'apprentissage, deviennent des étudiants plus compétents en matière de recherche plus tard dans leur parcours éducatif. Lorsque les élèves peuvent observer le processus par lequel ils interagissent avec le monde qui les entoure, ils apprennent à comprendre et à communiquer leurs besoins d'apprentissage. Les enseignants-bibliothécaires peuvent aider les élèves à développer ces compétences de plusieurs manières :

- Lire des livres d'images et d'histoires reflétant la pleine conscience, la persévérance et le travail d'équipe, ainsi que la créativité, l'imagination et la pensée divergente. Nous adorons les livres d'Andrea Beaty, car ils incitent les jeunes apprenants à prendre des risques dans leur réflexion, à aller de l'avant avec leurs questions et à célébrer leur apprentissage. Nos livres préférés d'Andrea sont : *Rosie Revere, Engineer; Ava Twist, Scientist;* and *Iggy Peck, Architect.*

- Racontez-leur des histoires de vos propres expériences d'apprentissage et donnez-leur des conseils sur la façon de réfléchir. Lorsque vous partagez des anecdotes personnelles, en expliquant aux élèves comment la manière de réfléchir, les apprenants peuvent visualiser comment on apprend. Pour étayer vos échanges et soutenir vos apprenants, utilisez des phrases telles que...

Je me disais que...
Ce que je me demandais était...
Ma réflexion m'a fait croire que...

- Donnez aux élèves quelques phrases pour les aider à verbaliser leurs pensées et leurs besoins. Affichez-les et aidez les apprenants à les répéter par le biais de conversations et de jeux de rôle.
- Discutez et montrez le processus de création de quelque chose. Montrez aux apprenants chaque étape et comment ces étapes mènent à un produit plus raffiné. Pensez à leur montrer ce qui se passe lorsqu'une de ces étapes est manquée, retirée ou oubliée. Cela aide les apprenants à saisir l'importance du processus et de la réflexion d'une manière claire et tangible.
- Créez des opportunités d'apprentissage en utilisant un large éventail de ressources pour aider les élèves à interagir avec toutes les formes d'information et à comprendre lesquelles ont le plus d'impact sur leur compréhension et l'approfondissent le plus. Utilisez du texte, des vidéos, des images, des conférenciers invités, des artéfacts, de la musique, etc.

Les enseignants bibliothécaires aident les apprenants à utiliser un langage favorisant la collaboration.

La communication verbale et les compétences d'écoute active font toutes deux partie de la collaboration. Les enseignants-bibliothécaires peuvent avoir un impact sur la confiance des apprenants dans le travail avec les autres en les aidant à affiner leurs compétences linguistiques et d'écoute au cours des premières années de leur éducation.

- Continuez à lire des livres d'images et d'histoires reflétant les objectifs du travail d'équipe et de la collaboration. Continuez à établir des liens avec vos propres expériences d'apprentissage par le biais d'histoires et de «conseils» sur la façon de collaborer et de travailler ensemble.
- Affichez des phrases d'écoute active pour approfondir l'apprentissage, renforcer le partenariat, et aider les élèves à comprendre leur rôle dans la collaboration. Encouragez les apprenants à répéter les phrases et utiliser l'écoute active par le biais de conversations et de jeux de rôle. Voici quelques phrases que nous aimons utiliser avec les apprenants :

   Tu te sens...
   Je t'ai entendu dire...
   Parle-moi plus de...

Les enseignants-bibliothécaires aident les apprenants à comprendre l'espace de la bibliothèque et les responsabilisent dans cet espace.

La conception de notre espace de bibliothèque a un impact sur la façon dont nos apprenants interagissent les uns avec les autres ainsi qu'avec les ressources et les expériences qui s'y trouvent. Être attentif à l'aspect de ces espaces, à la manière dont ils sont utilisés et aux intentions qui les sous-tendent sont des éléments importants à prendre en compte pour responsabiliser nos apprenants.

> La conception de notre espace de bibliothèque a un impact sur la façon dont nos apprenants interagissent les uns avec les autres ainsi qu'avec les ressources et les expériences qui s'y trouvent.

- Les livres sont importants, mais déplacez le centre d'intérêt principal de la bibliothèque des livres vers les expériences. Ajoutez une table de provocation, un centre de poésie, un mur de questions, des meubles flexibles ainsi que des repères visuels, des phrases et des supports pour guider les apprenants dans l'utilisation de l'espace. Créez un flux d'espace en espace pour que les apprenants puissent explorer, interagir ct découvrir des expériences d'apprentissage riches par eux-mêmes.
- Offrez aux clubs scolaires la possibilité d'utiliser l'espace de la bibliothèque. Quel que soit le groupe–clubs de codage, de fabrication, de jeux, d'art numérique, de poésie, d'écriture ou d'échecs–la bibliothèque doit être le centre des intérêts et des passions des élèves de l'école. En offrant à ces apprenants un lieu où ils peuvent partager leur amour commun pour quelque chose, nous démontrons que l'espace commun d'apprentissage va au-delà des livres.

C'est un endroit où les passions peuvent s'épanouir grâce au soutien des enseignants de l'école.

- Demandez à vos élèves de participer à la conception et à la mise en place de zones et de présentoirs particuliers dans l'espace. Demandez aux élèves de créer et d'afficher une question essentielle sur un tableau d'affichage et fournissez-leur des marqueurs et des notes autocollantes pour qu'ils puissent y inscrire leurs observations, leurs interrogations et leur compréhension de la question. Encouragez les élèves à apporter des objets pour des fêtes spécifiques, puis à rechercher et sélectionner des livres dans l'espace pour accompagner ces objets dans le cadre d'un tableau de provocation créé par les élèves. Vos élèves adoreront tracer un chemin entre l'école et la maison qui aura un impact sur leurs camarades !

Les enseignants bibliothécaires sont conscients de leur temps et le répartissent en fonction de leurs objectifs.

Réservez du temps spécifique pour vos partenariats avec des groupes d'élèves particuliers. Si votre objectif pour les élèves de maternelle et de première année est de les aider à mieux comprendre et communiquer leurs besoins d'apprentissage, allouez le temps nécessaire pour atteindre cet objectif. Structurez vos journées et vos semaines pour vous assurer que vous pouvez vous concentrer sur votre vision et soutenir tous les apprenants.

Réservez une petite partie de votre temps total (pensez à un cinquième de votre semaine) pour travailler uniquement avec vos plus jeunes apprenants : les élèves de maternelle et de première année. Cette concentration de temps et de planification vous permet d'investir dans les apprenants et de les aider à devenir de solides collaborateurs et des étudiants autonomes. Imaginez travailler en profondeur avec les mêmes apprenants chaque semaine pendant plusieurs années consécutives. Grâce à votre vision, à votre planification et à votre soutien, vous vous assurez que ces élèves développent les compétences et la compréhension spécifiques nécessaires pour devenir des apprenants plus communicatifs et collaboratifs.

Les enseignants bibliothécaires échafaudent des compétences au fil des années pour aider au mieux les apprenants à se développer au fil du temps. Leur vision comprend l'identification d'objectifs pour chaque niveau scolaire, la définition d'un plan pour atteindre ces objectifs et l'adoption de stratégies claires et ciblées pour faire de ces objectifs une réalité. Ce processus associe de grandes idées à des décisions spécifiques et explicites concernant les activités, les ressources, les leçons et l'enseignement. Établissez un plan pour votre école et vos apprenants, réfléchissez à la manière dont vous allez intégrer ces idées dans votre plan, et prenez des mesures pour faire de ce plan une réalité !

Les enseignants-bibliothécaires aident leurs collègues dans leurs plans d'enquête.

Les enseignants-bibliothécaires ne sont pas seulement des ressources pour les jeunes apprenants, ils sont aussi des ressources pour nos apprenants adultes : les enseignants ! Vous pouvez créer des opportunités accessibles et significatives pour vos collègues afin qu'ils adoptent l'enquête dans leurs classes. En les aidant à autonomiser leurs apprenants, vous renforcez le travail et les efforts que vous avez faits à la bibliothèque en les étendant à la salle de classe. Cela donne lieu à des partenariats riches qui aident à modéliser les compétences de collaboration pour les élèves de votre école et à renforcer les capacités du personnel à devenir les enseignants dont nos apprenants ont besoin.

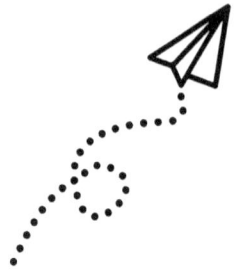

Les enseignants-bibliothécaires ne sont pas seulement des ressources pour les jeunes apprenants, ils sont aussi des ressources pour nos apprenants adultes : les enseignants.

Les bacs d'enquête sont des ressources amusantes et attrayantes préparées par des enseignants bibliothécaires pour soutenir l'enquête en classe. Lorraine Powell de l'école Willows Elementary utilise les bacs d'enquête pour faire participer ses apprenants et renforcer l'enquête dans son école :

> *Nous avons plusieurs bacs d'enquête différents, remplis de ressources et d'outils liés à un sujet d'enquête spécifique, conçus et créés pour un espace extérieur local spécifique dans notre communauté. Les enseignants peuvent emprunter un bac d'enquête et, combiné à un plan d'unité d'enquête structurée, il fournit tout ce dont ils ont besoin pour créer une expérience d'enquête riche pour leurs apprenants. Nos bacs d'enquête contiennent des guides, des sacs à dos, des loupes, des filets et même les coordonnées d'experts locaux. Nous ajoutons également un classeur d'idées de leçons, de notes et de provocations pour soutenir davantage nos enseignants. Que ce soit dans un parc, une plage, une forêt ou un champ près de notre école, les enseignants peuvent relier leur enquête à notre communauté, planifier une petite excursion ou une promenade de curiosité, et inviter les parents à soutenir l'apprentissage et à y participer.*

Planifiez et dirigez une unité d'enquête guidée dans la bibliothèque sur un sujet choisi par vos collègues. Grâce à votre planification minutieuse et à la facilité d'accès aux ressources, vous pouvez structurer une unité d'enquête puissante pour vos apprenants. Divisez votre sujet en sous-thèmes que le groupe pourra décortiquer ensemble. Les élèves peuvent également choisir un sous-thème spécifique pour l'approfondir.

Par exemple, le thème des «écosystèmes» se prête bien à une unité d'enquête guidée. L'enseignant-bibliothécaire guide la classe à travers un apprentissage préliminaire pour l'aider à comprendre le sujet ainsi que les sous-thèmes tels que la forêt, les prairies, le désert, la toundra et la mer. L'objectif est de présenter le sujet et les sous-thèmes de manière à ce que les élèves aient une idée claire de la situation et qu'ils puissent choisir un sous-thème qu'ils souhaitent approfondir en petit groupe.

Pour aider les élèves à choisir un sous-thème, disposez des livres pour chacun d'eux sur une table séparée. Invitez les élèves à explorer ces ressources, à parcourir et à survoler quelques livres, à s'asseoir et à en lire un en particulier pendant quelques minutes et, finalement, à choisir un écosystème sur lequel ils aimeraient en apprendre davantage dans les jours à venir. À la fin de la session, demandez aux élèves d'écrire leur nom sur deux notes autocollantes et de les laisser sur les tables des deux écosystèmes qui les intéressent le plus. Vous pouvez ainsi vous assurer que tous les élèves se familiarisent avec le sujet de leur choix.

Nous avons vu cette enquête guidée aller plus loin en demandant aux élèves de faire des recherches sur un animal qui les intéresse et qui habite l'écosystème spécifique qu'ils étudient. Cela renforce encore le fil conducteur personnalisé pour chaque apprenant dans cette unité d'enquête guidée, puisque les apprenants font des recherches et démontrent leur compréhension en utilisant un animal et un écosystème de leur choix tout en saisissant les concepts plus larges de l'unité.

Les enseignants-bibliothécaires aident les apprenants à mener des recherches au sein de la communauté.

Les enseignants-bibliothécaires aident à relier l'enquête dans la salle de classe, la bibliothèque et l'école à la communauté environnante de diverses manières puissantes. Qu'il s'agisse de permettre aux apprenants d'accéder à des artéfacts dans un musée local, de visiter un site patrimonial ou un monument historique, d'assister à une exposition dans une galerie d'art ou de visiter des institutions gouvernementales et politiques, les enseignants-bibliothécaires savent que le fait d'amener l'enquête au-delà des murs de notre école peut approfondir l'apprentissage et mérite leurs efforts.

Sarah McLeod, enseignante-bibliothécaire à la Glenlyon Norfolk School, facilite ces liens d'enquête communautaire pour son personnel et ses élèves grâce à son projet *L'enquête sur le patrimoine* :

L'enquête sur le patrimoine–l'un de mes projets préférés pour les élèves de quatrième et cinquième années–génère une question d'enquête sur un sujet spécifique d'intérêt personnel concernant un élément de notre histoire, de notre géographie ou de notre patrimoine local. Pour inspirer les élèves et susciter la discussion, nous visitons l'un des nombreux musées, archives ou sites historiques de notre communauté. Le visionnage d'autres provocations, notamment de courts documentaires ou de vidéos, peut également générer des idées. Une personne remarquable ou un événement de l'histoire familiale d'un élève peut également constituer un sujet intéressant à explorer plus en profondeur pour l'élève et sa famille. Cette exposition à l'histoire stimule la curiosité des élèves et leur permet d'explorer des sujets d'importance historique.

Une fois les sujets choisis et les questions d'enquête générées, j'informe les élèves des ressources disponibles pour les aider dans leurs recherches. À ce stade précoce de la recherche, j'aime enseigner à ces chercheurs débutants la différence entre les sources d'information primaires et secondaires, ainsi que la différence entre une archive et un musée.

Une fois que les élèves ont compris les bases, ils se lancent dans leur propre «enquête sur le patrimoine», en visitant les sites Web des archives, musées, sites historiques et monuments locaux et régionaux. Non seulement les élèves disposent ainsi d'une grande quantité d'informations à explorer, à s'interroger autour et à rechercher, mais l'examen du contenu et de la qualité de ces sites Web est une excellente occasion d'apprentissage pour nous tous. Les librairies d'occasion locales offrent souvent une abondance de ressources sur les personnes et les événements locaux notables, et les ressources communautaires ont souvent des experts que les élèves peuvent interviewer, ce qui leur permet également d'affiner leurs compétences en matière d'interview.

Le projet « Enquête sur le patrimoine » apprend à mes élèves que les communautés regorgent de ressources accessibles dans lesquelles ils peuvent puiser. Il est passionnant de les voir explorer, trouver des sources primaires d'information et interagir avec les personnes de leur communauté qu'ils découvrent dans le cadre de leurs projets.

Les enseignants-bibliothécaires encouragent la recherche pour développer de solides compétences en matière de recherche.

L'encadrement de la recherche au cours des années primaires est crucial pour développer des apprenants qui ont une mentalité d'enquête. Dans cette optique, nous apprécions le processus de filtrage et de recherche dans les livres de non-fiction afin de fournir ce type d'outil de recherche même à nos plus jeunes apprenants. Avec nos apprenants qui commencent à lire ou qui sont des lecteurs confirmés, nous pouvons utiliser des textes de non-fiction de niveau intermédiaire, ainsi que divers textes de non-fiction que l'on trouve dans notre école ou dans les bibliothèques publiques. Les textes de non-fiction peuvent être extrêmement inspirants et passionnants, mais pas au niveau de l'apprenant qui les lit. Les enseignants bibliothécaires, en partenariat avec l'enseignant de la classe, peuvent utiliser des outils et des stratégies pour s'assurer que les passages de textes non fictionnels constituent un moyen de recherche pour nos jeunes apprenants.

L'encadrement de la recherche au cours des années primaires est crucial pour développer des apprenants qui ont une mentalité d'enquête.

- Stratégies de lecture. En utilisant des compétences et des pratiques de lecture pour débutants, nous pouvons aider les apprenants à développer les compétences dont ils ont besoin pour devenir de bons chercheurs. Chercher des indices dans les images pour les aider à déchiffrer les mots ou à comprendre

l'idée présentée dans le texte est l'une des premières stratégies des jeunes lecteurs. C'est également un moyen efficace pour nos plus jeunes apprenants d'utiliser les livres de non-fiction. Le fait d'inciter les apprenants à regarder les images peut les amener à répondre à leurs propres questions.

Nous pouvons ensuite leur lire le passage qui les accompagne pour leur fournir plus de détails. Cette stratégie encourage les apprenants à répondre à leurs propres questions et, par conséquent, les aide à devenir des chercheurs passionnés !

#MENTALITEDENQUETE EN ACTION

Retournez sur trevormackenzie.com et accédez aux sketchs gratuits en haute résolution de La mentalité d'enquête. Trouvez le sketch «Enseignant bibliothécaire : votre super héros de l'enquête». Pensez aux enseignants-bibliothécaires dans votre monde et à l'impact qu'ils ont eu sur votre développement professionnel ainsi que sur l'apprentissage de vos élèves. Partagez ce sketch avec la communauté #MENTALITEDENQUETE, identifiez ou nommez votre enseignant-bibliothécaire extraordinaire, expliquez pourquoi il est extraordinaire et remerciez-le massivement d'être votre super-héros de la recherche !

RENDRE L'ENQUÊTE VISIBLE

L'apprentissage basé sur l'enquête permet aux apprenants de se sentir concernés par leur parcours d'apprentissage, et ce processus doit être célébré, réfléchi, ajusté et réalisé. Nous savons à quel point les élèves sont enthousiastes et motivés lorsqu'ils préparent une présentation de leur apprentissage pour un public réel, mais nous voulons qu'ils ressentent le même niveau de satisfaction lorsqu'ils partagent et réfléchissent sur le processus d'enquête. Le processus est tout aussi important, sinon plus, que le produit final de l'apprentissage. Considérez certaines des idées suivantes pour permettre à vos apprenants de se sentir enthousiastes et connectés à leur processus d'enquête.

L'apprentissage fondé sur l'enquête permet aux apprenants de se sentir concernés par leur parcours d'apprentissage, et ce processus doit être célébré !

Pic Collage

Pic Collage est une application iPad permettant aux élèves et aux enseignants de créer un collage de photos de leur processus d'apprentissage. Du texte, des images et des autocollants peuvent être ajoutés pour améliorer cette façon attrayante de capturer et de documenter le processus d'enquête. Nous utilisons l'iPad pour prendre des photos pendant des activités et des provocations spécifiques, pendant la phase de recherche ou d'autres parties du parcours d'enquête. Envisagez d'inciter les apprenants à coller les images ensemble et à les annoter avec des souvenirs, des sentiments, des observations et des idées à retenir. Les collages peuvent être partagés via des portfolios numériques, lors d'événements familiaux ou avec l'ensemble de la classe afin de célébrer les processus d'apprentissage individuels et collectifs.

Vidéo GoPro

L'achat d'une caméra GoPro et de quelques accessoires est l'un des investissements technologiques les plus puissants que nous ayons réalisés pour aider les élèves à rendre l'apprentissage visible. Les élèves ont la possibilité d'emprunter le kit GoPro de la classe et de le porter pendant qu'ils apprennent, et nous leur demandons de raconter leurs pensées, leurs actions et leurs processus lorsqu'ils le portent. Nous invitons les élèves à porter la GoPro lorsqu'ils expérimentent, conçoivent un prototype ou mettent en pratique une nouvelle compétence qu'ils s'efforcent d'acquérir. Et les élèves aiment porter la GoPro lorsque nous faisons une excursion en plein air ou une chasse aux artéfacts pour approfondir leur curiosité, leurs interrogations et leurs questions. Les élèves apprennent énormément lorsqu'ils revoient quelque chose qu'ils ont vécu ou qu'ils ont travaillé dur à peaufiner ; ils sont capables d'exprimer leurs sentiments et leurs réussites et d'identifier ce qu'ils ont appris. Nous assurons souvent le suivi de leur apprentissage en demandant aux élèves de raconter leur enregistrement à leurs camarades de classe. Sinon, les enregistrements restent totalement confidentiels et ne sont montrés aux parents que dans nos portfolios numériques. Nous aimons beaucoup le fait que ces séquences nous permettent de comprendre le processus d'apprentissage. C'est puissant !

Adobe Spark

Adobe Spark transforme des photographies en un diaporama vidéo annoté et narré. Les utilisateurs ont la possibilité d'insérer des photographies, des icônes ou des images provenant de l'appareil photo ou d'une recherche sécurisée dans l'application. Des enregistrements audio peuvent être facilement ajoutés à chaque image, et l'application associe votre narration à vos images pour créer un diaporama époustouflant, accompagné d'un fond sonore. Encouragez les élèves à prendre des photos de leurs sessions de recherche, de leurs «moments de vérité», de leurs découvertes intéressantes, de leurs créations de projets, etc. Ils peuvent également utiliser Adobe Voice pour documenter et enregistrer les photos dans l'ordre chronologique de leur parcours d'investigation, ce qui leur facilitera la création de leur vidéo. Les diaporamas Adobe Spark rendent le processus d'enquête visible aux autres et à vos apprenants, qui peuvent s'en servir pour réfléchir à leur parcours. De plus, l'auto-évaluation que les élèves expérimentent en utilisant Adobe Spark est impressionnante.

Dossiers d'enquête

Nos élèves conservent leurs livres de référence, leurs découvertes, leurs cahiers de recherche et tout ce qu'ils utilisent pour leur recherche dans un classeur. Nous encourageons les élèves à organiser leurs dossiers dans l'ordre dans lequel ils ont utilisé les documents et fait des découvertes au cours de leur enquête, et nous leur réservons du temps tout au long du processus d'enquête pour qu'ils puissent s'arrêter et réfléchir. Nous encourageons les élèves à consulter leur dossier et à voir où notre enquête a commencé, à revoir leur compréhension initiale et leurs premières interrogations, et à réviser et ajuster si nécessaire. Nous incitons les élèves à examiner comment nos plans d'enquête ont pu changer et à discuter de toute nouvelle voie d'enquête ou d'apartés nous menant à de nouvelles opportunités de recherche et d'apprentissage. Que notre parcours de recherche soit inébranlable ou qu'il explore des intérêts, des interrogations et des découvertes inattendus, nous célébrons et soutenons ce parcours.

De plus, les dossiers d'enquête sont un excellent outil à utiliser lors de tout événement familial. Les élèves peuvent exposer leurs dossiers et les parents peuvent voir tous leurs écrits, leurs recherches et leur apprentissage. Les élèves peuvent également s'en servir comme sujets de discussion lorsqu'ils partagent leur enquête avec leurs parents lors de conférences menées par les élèves.

Les tableaux de la passion

Les tableaux des passions–une zone de votre classe ou de votre école consacrée au partage des passions de vos apprenants–peuvent être un excellent moyen de rendre l'enquête visible et d'honorer les passions des élèves qui motivent votre apprentissage basé sur l'enquête. Essayez de consacrer un espace dans votre salle de classe où les apprenants peuvent afficher des notes autocollantes soulignant ce qui les passionne. Vous pouvez aussi utiliser du papier quadrillé pour créer des listes de ce que vos élèves aiment faire et les afficher sur les portes de votre classe pour que les autres puissent les voir. Les tableaux des passions créent un dialogue permanent sur la façon dont les passions sont le moteur de notre apprentissage et comment elles peuvent évoluer au fil du temps. N'oubliez pas non plus qu'un

Marla Margetts, Vic West Elementary School

Trevor MacKenzie, Singapore American School

enseignant enquêteur est toujours en train de donner l'exemple, alors n'oubliez pas de partager votre propre passion !

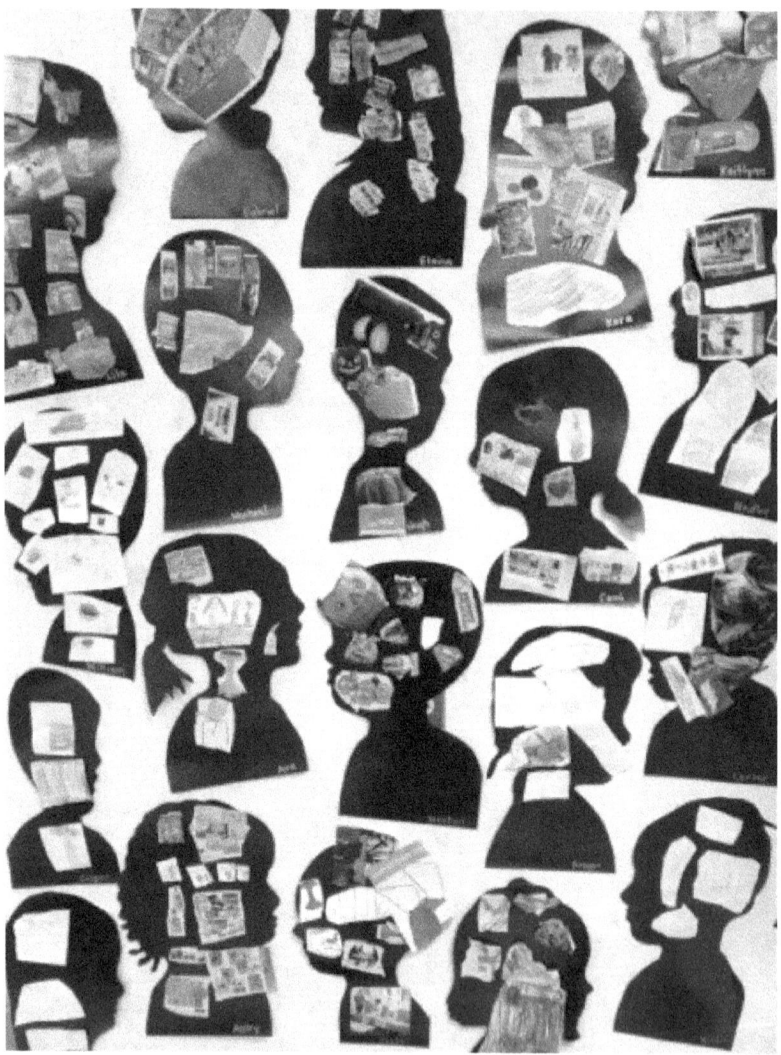

Maggie Hultman, Noble Crossing Elementary

Documentation et narration de l'apprentissage

Essayez de documenter le processus de recherche de vos élèves à mesure qu'ils passent par chaque étape du cycle d'enquête. Observez-les et prenez des notes anecdotiques ou des photos d'eux lorsqu'ils dialoguent, posent des questions et partagent leurs résultats. À l'aide de ces éléments, créez une histoire visuelle sur un panneau d'affichage, un tableau d'affichage de classe ou dans le couloir de l'école pour partager le voyage. Au fur et à mesure, vous pouvez ajouter les œuvres d'art, les écrits, les documents de recherche des élèves, etc. Documenter l'apprentissage de cette manière devient une présentation interactive et puissante du processus de recherche pour les apprenants, les familles et vos collègues. Cela nous permet également de réfléchir au parcours des élèves dans leur apprentissage.

Silhouettes de réflexion des élèves

L'utilisation des silhouettes de réflexion des élèves est un moyen facile de rendre l'enquête visible ! Les élèves créent une grande silhouette de leur profil à partir d'une feuille de papier. Nous aidons nos apprenants en prenant une photo de leur profil et en la projetant sur un mur. Nous collons ensuite leur papier sur l'image pour qu'ils puissent la tracer et la découper. Les élèves affichent leurs silhouettes sur leur bureau ou sur un mur de réflexion en classe, puis découpent des objets dans des magazines et des journaux et les collent sur leur silhouette. Cela permet à la classe de voir réellement ce que chaque élève pense. Les élèves peuvent également ajouter des exemples d'écriture, des œuvres d'art et des photographies, et ils peuvent mettre à jour leurs silhouettes quand ils le souhaitent.

Flip

Nous avons présenté Flip au chapitre 7, mais comme nous sommes de fervents admirateurs de cette puissante plate-forme, nous voulions aborder la manière dont elle contribue à rendre la recherche visible. Flip est intuitif et facile à utiliser par les élèves pour partager leur réflexion. Ils aiment se voir devant la caméra, enregistrer leurs pensées et réflexions, et ajouter des émojis et des symboles à leurs photos de profil. Nous renforçons leur processus d'apprentissage en leur fournissant des sujets de discussion sur l'obligation de rendre des comptes, comme ceux qui suivent, ce qui les incite à creuser davantage et à formuler des réflexions plus significatives.

- Je suis d'accord parce que...
- Je ne suis pas d'accord parce que...
- J'ai d'abord pensé... parce que...
- Ma pensée a changé parce que...
- Je sais que cette ressource est utile parce que...
- J'ai appris... à propos de ma question essentielle.
- Une nouvelle question que je me pose est...

Nous pouvons revoir ces enregistrements pour que les élèves réfléchissent à leur apprentissage, les partager avec les parents lors de la soirée parents-enseignants, et même les utiliser comme outil d'évaluation.

L'enregistrement, la réflexion et le partage du processus d'apprentissage par vos apprenants sont porteurs d'un immense pouvoir. Ces outils permettant de rendre l'apprentissage visible ne font pas que rappeler aux élèves chaque phase de l'enquête, ils leur permettent également d'avoir plus de pouvoir sur leur apprentissage.

 Le pouvoir immense vient du fait que vos apprenants saisissent, réfléchissent et partagent leur processus d'apprentissage.

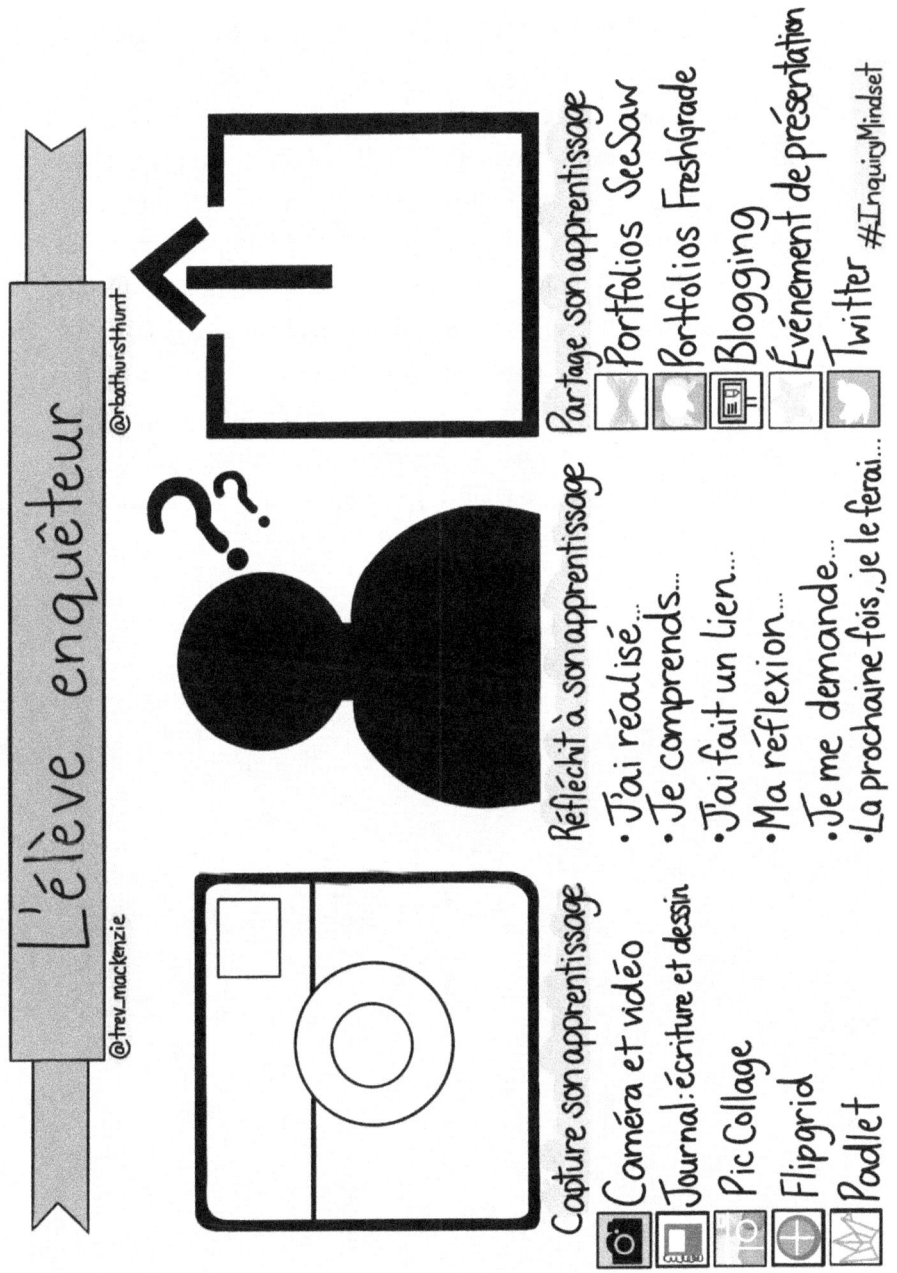

L'élève enquêteur

@trev_mackenzie
@rbathursthunt

Capture son apprentissage
- Caméra et vidéo
- Journal : écriture et dessin
- Pic Collage
- Flipgrid
- Padlet

Réfléchit à son apprentissage
- J'ai réalisé...
- Je comprends...
- J'ai fait un lien...
- Ma réflexion...
- Je me demande...
- La prochaine fois, je le ferai...

Partage son apprentissage
- Portfolios SeeSaw
- Portfolios Freshgrade
- Blogging
- Événement de présentation
- Twitter #InquiryMindset

#MENTALITEDENQUETE EN ACTION

Tout au long de ce chapitre, nous vous avons demandé de réfléchir aux différentes façons et possibilités d'aider vos apprenants à rendre la recherche visible. Réfléchissez à la manière dont vous donnez à vos apprenants les moyens de saisir, de réfléchir, et de partager leur apprentissage. Choisissez l'un de ces trois processus puissants et partagez avec notre communauté #MENTALITEDENQUETE comment vous aidez vos apprenants à capturer, réfléchir ou partager leur apprentissage. Cette preuve peut être une photographie, un clip audio, un exemple de travail ou de réflexion d'un élève, une vidéo, un Flip, un Padlet ou un lien vers un message sur les médias sociaux.

AFFICHER PUBLIQUEMENT SA COMPRÉHENSION

Lorsque les élèves explorent des sujets qui ont une véritable signification pour eux, des choses étonnantes se produisent inévitablement. Ils s'engagent tout au long du processus d'enquête, sont plus fiers du travail qu'ils accomplissent et sont moins anxieux et moins préoccupés par l'évaluation de leur apprentissage. Nous aimons maximiser ces avantages en partageant notre enquête avec un public réel au-delà des quatre murs de notre classe. Cela rend le produit final de notre voyage d'enquête significatif, passionnant et mémorable, et les élèves sont enthousiastes et motivés pour préparer leur exposition d'apprentissage.

Lorsque les élèves explorent des sujets qui ont une véritable signification pour eux, des choses étonnantes se produisent inévitablement.

Lorsque vous préparez une exposition d'apprentissage, nous vous suggérons de garder trois choses à l'esprit : le processus, l'authenticité et l'implication de l'apprenant.

Le processus : Comme nous l'avons évoqué précédemment, le processus d'enquête est une étape cruciale de l'enquête libre. Nous aimons rappeler à nos apprenants que le processus est tout aussi important que le produit final, si ce n'est plus. Cependant, nous avons constaté que le fait d'aider nos élèves à honorer et à célébrer le processus peut constituer une exposition d'apprentissage impressionnante. Nous sommes d'accord sur le fait que le produit final est spécial, mais il doit inclure une réflexion ou une capture de leur processus. Cela invite à une réflexion critique sur l'apprentissage qui les a amenés à l'étape finale.

Authenticité : Nous aimons encourager nos apprenants à garder l'authenticité au cœur de leur travail. Leur enquête libre a sans doute été une expérience d'apprentissage significative pour eux, et nous proposons que leur exposition le soit également. Le fait d'être honnête sur le déroulement d'un processus d'enquête et de partager l'apprentissage et la croissance d'une manière authentique et intégrale l'emporte sur la « bonne » réponse. Nous évitons de chercher « la bonne réponse » ; nous espérons que les apprenants se plongent dans l'enquête, réfléchissent, révisent et partagent de manière authentique leurs expériences, ce qu'ils ont appris et ce qu'ils feront ensuite.

Participation des apprenants : La participation de l'apprenant est essentielle pour créer une exposition de l'apprentissage. Les élèves présentent leurs questions, leurs recherches, leur apprentissage et l'étalage public de leur compréhension ; il doit donc s'agir de leur exposition d'apprentissage. Pour certains enseignants, il peut être difficile de renoncer à un produit final ; c'est à ce stade que l'apprentissage tend à devenir désordonné et, de l'extérieur, peut-être même chaotique. Mais nous aimons cette étape et nous vous encourageons à laisser vos apprenants aux commandes et à avoir la maîtrise de l'exposition de l'apprentissage. Elle sera beaucoup plus significative et authentique si vous le faites.

Alors que vous prenez des mesures pour faire de l'enquête un ajout puissant à votre classe, considérez quelques véhicules–événements de présentation, portfolios numériques et blogs–que nous avons utilisés pour aider nos élèves à partager leur apprentissage avec un public authentique.

LES EXPOSITIONS D'APPRENTISSAGE

Les expositions d'apprentissage impliquant les familles de vos élèves suscitent l'enthousiasme et permettent aux apprenants d'aller plus loin que le simple partage de leur apprentissage avec leurs camarades de classe ou leurs pairs à l'école, car les membres de leur famille sont leurs fans numéro un. Invitez les familles à un événement de l'après-midi ou de la soirée ou à votre conférence dirigée par les élèves.

Les familles aiment les événements interactifs et, d'après notre expérience, la participation est étonnante. Voici quelques-unes de nos façons préférées de créer des vitrines d'apprentissage pour les familles :

Le musée

Les élèves construisent des expositions de musée à la manière d'un bricoleur, en utilisant des matériaux recyclés, des boîtes en carton et des fournitures artistiques. C'est un moyen facile de s'assurer que tous les produits et objets exposés sont créés par les élèves et conçus de manière authentique par nos apprenants. Nous encourageons les débutants à écrire et les élèves à découper et coller, et nous aimons voir à quel point ils sont fiers de leurs propres produits finaux.

- Nous commençons par faire un brainstorming sur les éléments du musée que nous souhaitons inclure : panneaux, expositions, brochures, billets, entrée, expositions interactives et œuvres d'art, pour n'en citer que quelques-uns ! Nous suggérons souvent aux élèves de penser aux sens de leurs familles : que verront nos invités ? Que vont-ils toucher ? entendre ? regarder ?

- Nous aidons nos élèves à utiliser la technologie pour créer de courtes vidéos ou enregistrer une expérience scientifique. Cela ajoute un autre élément intéressant à leur exposition.

- Nous leur laissons le temps de choisir, de collaborer et de concevoir et nous leur accordons beaucoup de temps pour construire et créer. Selon le degré d'indépendance de vos apprenants, cela peut se faire en groupe entier ou en petits groupes lors d'un temps d'exploration libre. Nous continuons à jouer un rôle de soutien, en encourageant et en aidant si nécessaire. Nous écoutons ce que nos apprenants attendent de nous, mais nous prenons également du recul et permettons aux élèves de jouer un rôle indépendant dans la création.

- Pinterest est un outil formidable pour rechercher des idées d'exposition. La création de tableaux Pinterest avec des photos d'inspiration de projets, d'expositions, de pièces d'art et de montages d'exposition peut être un moyen efficace pour les élèves d'explorer des idées et de chercher de l'inspiration. Cela permet également de sécuriser et de contrôler leur recherche, puisque vous avez créé le tableau et sélectionné les épingles.

Nos musées d'apprentissage–y compris le Musée de la météo illustré ici–ont été des événements de démonstration réussis pour nos élèves.

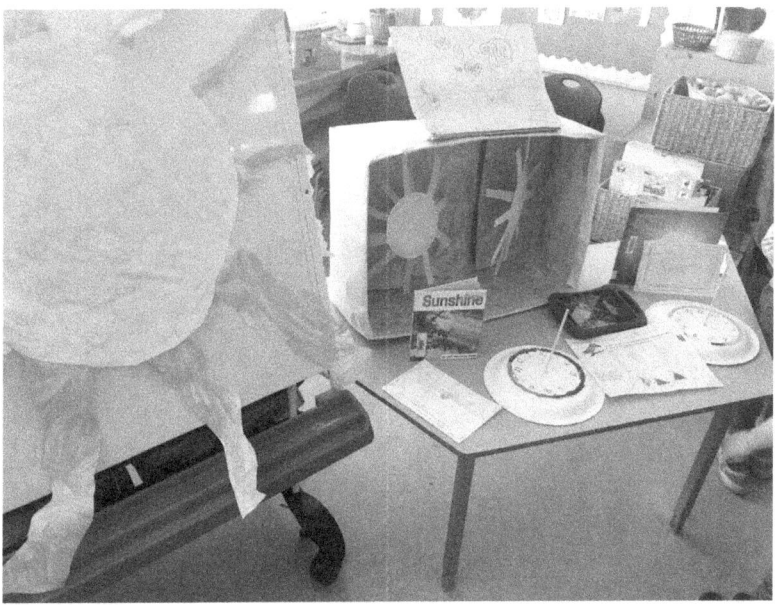

Rebecca Bushby, George Jay Elementary

Événement de cinéma

La conception d'un événement cinématographique peut être un excellent moyen de partager et de célébrer les projets d'enquête numérique que les apprenants ont créés. Nous aimons que les apprenants s'amusent à créer des pièces numériques pour présenter leur apprentissage, et nous les partageons souvent via des portfolios numériques ou des blogs de classe. Cependant, nous avons constaté que le fait de les garder pour un événement spécial au cinéma crée un élan et encourage les apprenants à créer des pièces plus détaillées et plus raffinées.

Rebecca Bushby, George Jay Elementary

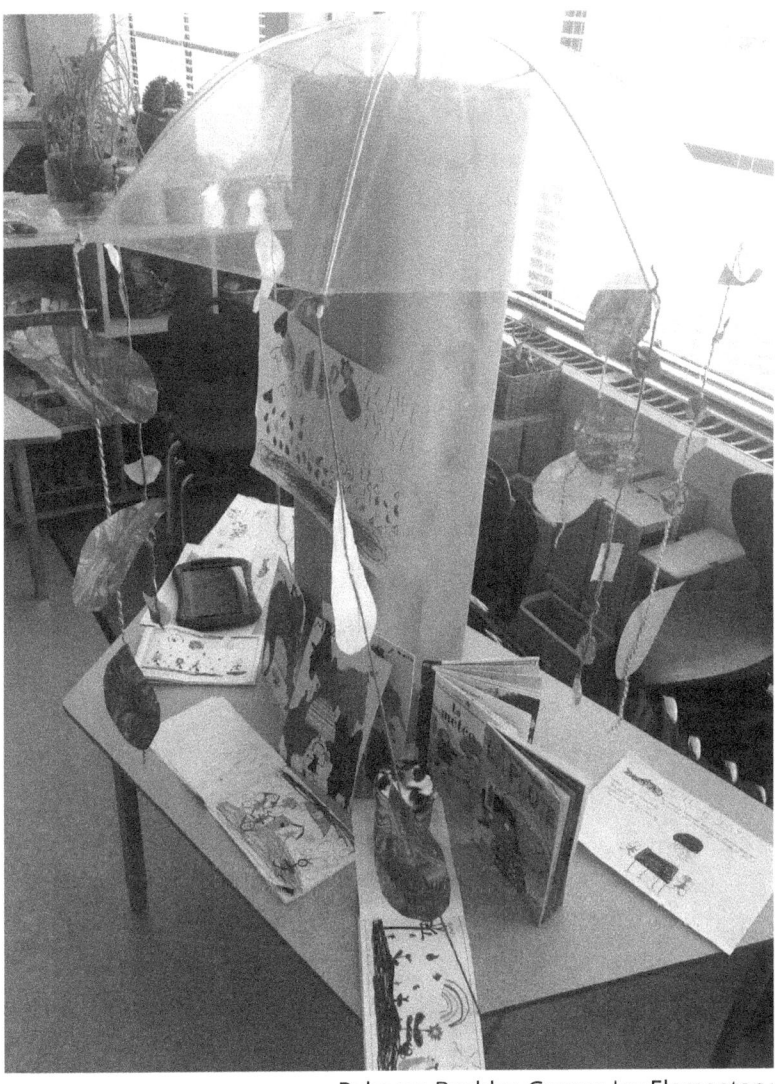

Rebecca Bushby, George Jay Elementary

- Demandez à vos apprenants de réfléchir à ce dont ils pensent avoir besoin pour organiser un événement cinématographique réussi pour leur famille. Les éléments à prendre en compte peuvent être des billets, des panneaux, des guichets ou des tables, des ouvreurs, des annonceurs, des bandes-annonces, du pop-corn, la disposition des sièges et l'éclairage. N'oubliez pas de prendre du recul pour permettre à vos apprenants de s'exprimer et d'être la force motrice de l'événement. Écoutez ce dont vos apprenants ont besoin et aidez-les à faire de leur vision une réalité.

- iMovie permet aux apprenants d'importer des séquences vidéo et des photos et de les transformer en un chef-d'œuvre cinématographique. Les apprenants se sentent à l'aise avec iMovie pour ajouter de la musique, des effets sonores et du texte afin de transformer leur travail en un véritable film. Il fournit également une gamme de modèles et de thèmes à choisir si les apprenants veulent créer des publicités, des bulletins d'information, des bandes-annonces, et plus encore !

- L'écran vert de « Do Ink » a créé une application conviviale qui permet aux apprenants de créer des séquences vidéo à partir d'une image d'arrière-plan ou d'une séquence vidéo choisie. Les apprenants peuvent choisir de partager des informations devant des dinosaures, sous l'eau, ou même dans une tempête de neige en mouvement. Ils peuvent également créer des œuvres d'art et parler devant leur œuvre. Cette application est un moyen amusant et motivant pour les apprenants de partager leurs découvertes !

Expositions à l'échelle de l'école et de la communauté

Les élèves peuvent partager leurs enquêtes au-delà d'un public familial et d'une simple pièce d'exposition. Avez-vous une assemblée scolaire mensuelle au cours de laquelle vos élèves pourraient partager leur apprentissage ? Pourriez-vous ouvrir votre exposition de classe, votre musée ou votre événement à d'autres classes ? Nous avons constaté que les élèves sont motivés pour partager des faits et des connaissances avec leurs camarades et d'autres classes.

Assemblée de toute l'école

Réunir l'ensemble de l'école pour célébrer et entendre parler de l'enquête et de l'apprentissage de votre classe peut être une expérience positive pour vos élèves. Ce type d'événement leur permet de partager avec un public authentique au-delà de votre classe et de créer un effet d'entraînement pour les autres apprenants et vos collègues.

- Les apprenants peuvent choisir de partager oralement ou numériquement.
- Les élèves peuvent partager leur apprentissage et mettre en évidence des éléments de leur processus d'enquête oralement, en utilisant une affiche ou une œuvre d'art comme incitation orale et visuelle.
- Les chansons, les poèmes ou les spectacles de danse sont des moyens créatifs de partager l'apprentissage et la compréhension et sont captivants et passionnants pour notre jeune public.
- Les présentations Adobe Spark sont un moyen efficace de célébrer numériquement le processus d'enquête de vos élèves, les résultats de leur enquête et les prochaines étapes possibles de leur apprentissage.
- Les élèves peuvent se déguiser et jouer le rôle d'experts dans une présentation : Le saviez-vous? Les apprenants choisissent trois faits intéressants qu'ils ont appris pour les partager avec l'école. De petits groupes d'élèves peuvent faire cette présentation ensemble, certains enfants

montrant des illustrations ou des photos de leur travail ou de leurs expériences.

- Les élèves qui ne sont pas à l'aise ou ne sont pas prêts pour la présentation Le saviez-vous? peuvent essayer d'utiliser ChatterPix Kids pour choisir une image qui «parle» à leur place. Les élèves donnent à l'image une bouche qui bouge pendant qu'elle raconte un fait intéressant que votre élève a choisi. Cela fait sourire et rire les autres élèves et les incite à apprendre et à écouter.

Événement Fab Lab

L'organisation d'un événement Fab Lab peut être un événement de renforcement de la communauté pour toute votre école. Fab Lab est un événement de démonstration au cours duquel des passionnés de la fabrication se réunissent pour partager et présenter leurs objets, leurs projets, leur artisanat et leurs expériences. Dans un cadre scolaire, un Fab Lab est l'occasion pour les élèves de partager quelque chose qu'ils ont créé et qui est lié à leur processus d'enquête et à leur apprentissage général. Le Fab Lab est parfaitement lié à plusieurs activités décrites dans le chapitre sur les quatre piliers de la recherche. Nous aimons voir les élèves concevoir et créer pour le Fab Lab car ils sont motivés pour créer comme ils ne l'ont jamais fait auparavant lorsque le but est de partager avec toute l'école.

- Soutenez vos apprenants en leur proposant des temps de conception et de création. Demandez aux familles d'envoyer des matériaux recyclés quelques semaines avant votre temps de création afin que les apprenants aient accès à une variété de fournitures.
- Choisissez un grand espace dans votre école pour installer votre Fab Lab, comme le gymnase ou la bibliothèque, afin que les autres classes puissent visiter et interagir avec vos

élèves. Encouragez et invitez les enseignants des autres classes à s'inscrire pour une heure spécifique ou pour toute une après-midi, où les classes peuvent circuler librement.

- Nous aimons inviter les membres de la communauté à partager leurs talents de créateurs. Le fait que les apprenants soient entourés de créateurs de la communauté qui partagent leurs passions et leur travail est une expérience très enrichissante !

PORTFOLIOS NUMÉRIQUES

Parce que le portfolio numérique permet de télécharger facilement des photographies, des vidéos et des enregistrements audio, il constitue un outil puissant pour créer une fenêtre sur le parcours d'apprentissage de vos élèves. Un portfolio numérique peut capturer l'apprentissage quotidien, les processus d'enquête, les événements de classe, les évaluations formatives et les projets plus importants. Les familles ont accès au portfolio de leur enfant, ce qui crée des opportunités de dialogue riche sur l'école et l'apprentissage entre l'enfant et les parents. En fonction de votre niveau scolaire et de votre degré d'aisance avec les portfolios numériques, vous pouvez impliquer vos élèves dans le processus. La plupart des portfolios numériques sont facilement accessibles et conviviaux pour les élèves, les enseignants et les parents. Tenez compte de la position de votre école sur les plates-formes numériques, l'utilisation en ligne et l'étiquette de confidentialité pour vous aider à prendre des décisions éclairées sur l'utilisation des portfolios numériques afin qu'ils puissent réellement permettre à vos élèves de capturer et de partager leur apprentissage.

Les portfolios numériques permettent d'inviter facilement les parents à participer à notre parcours d'enquête dès le début–en partageant les curiosités nées de l'exploration par provocation et des remue-méninges de l'ensemble du groupe, ou les photos et vidéos des sujets que les élèves ont affichés sur notre mur des questions. Nous constatons que le fait d'inclure les parents dès le début de ce processus crée un dialogue puissant avec les familles et relie l'apprentissage à la vie familiale des élèves. De plus, les familles se joignent souvent au projet et envoient des artéfacts, des brochures, des livres et d'autres ressources utiles liées à notre parcours d'enquête. Les images et les vidéos de l'apprentissage en action sont d'excellents artéfacts du processus d'enquête, et les portfolios numériques nous permettent de les partager avec un public authentique.

Pour la plupart des parents, il s'agit d'une première expérience avec le modèle d'enquête, et le fait de donner un aperçu de la classe s'avère utile et instructif. Ouvrir les lignes de communication, partager par le biais de textes, de photographies et de vidéos, et créer une fenêtre sur l'apprentissage qui se produit dans votre cycle d'enquête sont des éléments importants à partager avec les parents.

Comme première invitation aux parents, nous publions souvent une description avec nos photos et vidéos pour expliquer l'apprentissage émergeant de l'enquête :

Bonjour les familles ! Récemment, notre classe s'est interrogée sur les différents types de temps, et nous commençons un nouveau cycle d'enquête sur ces derniers et leur impact sur notre environnement et sur nous. D'après notre remue-méninges de groupe, vous pouvez voir que plusieurs types de temps nous ont intéressés.

Votre fils ou votre fille va étudier de plus près un type de temps spécifique au cours de ce cycle d'enquête. Les élèves choisiront demain le type de temps qui les intéresse et commenceront leurs recherches cette semaine.

Avez-vous des connaissances, des ressources, des outils de recherche, de l'expertise ou du matériel pour nous aider à approfondir notre compréhension de ce sujet ? Si oui, nous serions ravis que vous les envoyiez à l'école avec votre enfant ou, mieux encore, que vous veniez en classe pour les partager personnellement. Nous nous réjouissons de ce voyage d'apprentissage significatif et passionnant. Merci beaucoup !

Cette lettre enrichit notre enquête commune des manières suivantes :

- Elle donne aux familles un aperçu de ce que nous faisons en classe.
- Elle invite les familles à faire partie de notre apprentissage en venant partager ou en envoyant quelque chose à la classe.
- Elle stimule la discussion entre l'enfant et les parents à la maison sur notre enquête.
- Elle permet aux parents de voir l'outil de remue-méninges que nous utilisons et les idées de leur enfant.
- Elle donne l'opportunité aux parents de commenter le post avec des idées, des commentaires ou des suggestions.

De cette façon, les portfolios numériques peuvent être utilisés comme un outil de communication et de mise à jour, mais ils peuvent également être utilisés pour partager nos processus d'enquête. La publication d'images de recherche, de photos d'activités en groupe et d'instantanés de processus est une excellente façon de partager et de documenter le processus d'enquête de nos apprenants.

Essentiellement, la tenue d'un portfolio numérique continu vous permet de partager tout ce que les apprenants créent à tout moment. Les occasions traditionnelles d'envoyer à la maison des artéfacts d'apprentissage au cours de l'année se présentent par à-coups et généralement à l'apogée de l'apprentissage ou des réflexions sommatives. L'utilisation des outils du portfolio numérique nous permet d'envoyer beaucoup plus de choses à la maison ! Nous pouvons montrer le processus d'apprentissage ainsi que le produit final. De plus, une plateforme de portfolio numérique facilite le partage avec un public authentique–que vous souhaitiez qu'il voie des vidéos partagées, des photographies, des réflexions anecdotiques ou des diaporamas.

L'utilisation des portfolios numériques a également eu un impact positif sur nos pratiques d'évaluation. Nous avons constaté que cette plateforme renforce notre évaluation formative grâce à un retour d'information authentique et riche sur l'apprentissage des élèves. En nous concentrant sur le processus d'apprentissage ainsi que sur le produit de l'apprentissage, nous avons découvert que non seulement les résultats des élèves augmentent, mais que la confiance des élèves et la compréhension de leurs propres styles d'apprentissage augmentent également.

Deux de nos plateformes de portfolio en ligne préférées sont Seesaw et FreshGrade. Elles offrent toutes deux une excellente variété d'options, d'applications et de points d'accès pour aider à personnaliser et à amplifier le partage de l'apprentissage dans nos salles de classe.

Seesaw

Seesaw est conçu pour que nos jeunes élèves puissent facilement utiliser et maîtriser la plateforme. Les enfants naviguent facilement sur les icônes pour télécharger des images, des vidéos, des notes, des liens, des fichiers, des dessins numériques et des clips audio dans leurs portfolios, ce qui rend la plateforme particulièrement puissante pour ces jeunes apprenants. Une fonction utile de l'application permet aux élèves d'annoter des photographies avec des enregistrements audio et des dessins numériques à télécharger et à partager avec leurs familles. Lorsque les élèves téléchargent des artéfacts dans leur journal Seesaw, ils sont rassemblés dans un calendrier facile à utiliser et à consulter par l'enseignant, ce qui permet de garder l'apprentissage organisé et facilement accessible. Les enseignants et les élèves trouvent qu'il s'agit d'une plateforme intuitive et puissante pour communiquer avec les familles.

FreshGrade

FreshGrade fonctionne à la fois comme une plateforme de bureau et une application mobile. La plateforme de bureau en ligne permet d'accéder à un calendrier des activités, à un carnet de notes, au portfolio de chaque élève et à une option d'ajout rapide permettant de publier plusieurs photos ou artéfacts d'apprentissage. L'application pour enseignants permet à ces derniers de capturer l'apprentissage et de le télécharger rapidement en déplacement. En vous permettant d'ajouter des photos en temps réel, d'accéder à votre liste d'appareils photo et d'ajouter des clips audio, des clips vidéo et des notes au fur et à mesure, FreshGrade est une plateforme de portfolio numérique simple et puissante. Il dispose également d'une application pour les étudiants, créant ainsi une voie pour que les apprenants soient impliqués dans le partage de leur processus d'apprentissage. Les élèves peuvent facilement télécharger des devoirs, des photographies et des artéfacts, ce qui permet à chacun de participer au processus d'apprentissage et de célébrer la croissance que les enseignants constatent chez les élèves à chaque cours.

BLOGUER POUR SAISIR L'APPRENTISSAGE

Les blogs sont un autre moyen de permettre à vos élèves de partager leur processus d'enquête avec un public authentique. Lorsque vous envisagez de créer un blog, gardez vos apprenants à l'esprit. Comment réagiraient-ils à l'aventure des blogs ? Dans quelle mesure leurs parents les soutiendraient-ils ? Pouvez-vous adopter avec force certaines de nos propositions pour influencer votre culture d'apprentissage ?

Les blogs offrent de nombreux avantages à nos jeunes apprenants. Ils nous permettent de :

- commencer à consolider une compréhension de la citoyenneté numérique
- partager notre apprentissage avec un public authentique au-delà de notre classe et de notre école
- développer la maîtrise du numérique, y compris la compétence, l'alphabétisation et la compétence sociale
- devenir des contributeurs respectueux et puissants dans le monde numérique.

Nous vous présentons ces avantages, ainsi que des objectifs et des étapes à suivre pour commencer à utiliser les blogs afin d'offrir des opportunités d'apprentissage puissantes à vos élèves.

Le blogging nous permet de commencer à consolider notre compréhension de la citoyenneté numérique. Nous proposons d'adopter une approche proactive de la citoyenneté numérique, en façonnant chaque jour en classe les boussoles numériques de nos apprenants. L'enseignant montre constamment comment se comporter en ligne d'une manière respectueuse, agréable et professionnelle. Notre blog de classe est visible tous les jours ; nous montrons à nos élèves ce que nous publions, nous y faisons souvent référence et nous les impliquons de diverses manières. Lorsque les élèves reçoivent ce type de modèle à un jeune âge, ils deviennent des contributeurs respectueux et puissants dans le monde numérique.

Les blogs nous permettent de connecter l'apprentissage à un public authentique. Les élèves qui grandissent dans une salle de classe connectée voient que leur apprentissage ne se limite pas à un simple travail remis pour les notes et le regard de l'enseignant, ce qui leur confère de nombreux avantages par rapport aux autres élèves. Les blogs renforcent la pertinence du monde au-delà des murs de notre école. Il peut aider les élèves à accéder à une expertise et à une compréhension qui dépassent celles de leur enseignant, à créer et à entretenir des relations riches et significatives, ou à avoir un impact sur leur vie locale et mondiale.

Les blogs nous permettent de combler le fossé entre la maison et l'école. Au lieu de bulletins d'information hebdomadaires, essayez de publier des articles de blog hebdomadaires pour informer les parents et les mettre en contact avec la classe.

> Les blogs sont un moyen pour nous de connecter l'apprentissage à un public authentique.

Nous vous suggérons de garder à l'esprit plusieurs objectifs lors de la planification et du déploiement de votre plateforme de blogs :

Commencez tout de suite

Ne vous préoccupez pas de développer une audience immédiatement, et ne vous demandez pas qui lira votre contenu. De plus, ne réfléchissez pas trop au choix de la plateforme de blog à utiliser, et ne pensez pas que votre blog doit être «parfait». Commencez simplement. Le blogging est un processus. Au fil du temps, un public se formera, des personnes visiteront votre site, et vous développerez et réviserez votre espace en ligne comme bon vous semble. Vous pouvez changer l'apparence de votre blog et modifier les détails de son fonctionnement, mais si vous vous y attardez avant de commencer, vous perdrez une énergie, un temps et un potentiel précieux. Lancez-vous tout de suite, et montrez à vos apprenants comment l'espace grandit et change au fil du temps. Soyez courageux. Vous serez reconnaissant de l'avoir fait !

Utilisez les outils à votre disposition

Nous utilisons un large éventail d'outils puissants pour nous connecter à notre public de manière attrayante : des hyperliens pour élargir la compréhension, des images et des vidéos pour donner vie aux articles, des widgets pour aider à créer une identité en ligne, ou un ensemble de pages pour organiser et diriger notre public. Le blog est extrêmement puissant lorsque nous intégrons ces outils dans tout ce que nous publions. Et lorsque nous exploitons le pouvoir des médias sociaux pour mieux nous connecter au monde extérieur à notre classe, ce pouvoir est amplifié. Que nous soyons connectés via Twitter, YouTube, Instagram ou un autre réseau, le partage sur nos médias sociaux offre des opportunités incroyables à nos élèves.

Partager, partager et encore partager !

L'idéal est de partager souvent et régulièrement. Nous voulons que nos apprenants voient le blog mis à jour, confirmant ainsi que leur apprentissage est pertinent pour plus de personnes que le seul enseignant présent dans la salle. Plus nous partageons, plus nous nous connectons avec le monde au-delà de notre salle de classe. Fixez un objectif de fréquence pour votre blog et réservez le temps nécessaire à la réalisation de cet objectif. Nous vous recommandons d'adopter l'approche de 20 minutes. L'objectif est de rédiger et de publier votre article en vingt minutes. Cela vous permettra de créer une voix authentique et un ton personnel. De plus, vous vous assurerez que le blogging reste une priorité et qu'il ne soit pas mis de côté dans le temps limité dont vous disposez. Si vous espérez utiliser le blog dans votre classe, il doit être un ajout gérable à votre pratique, et le billet de 20 minutes vous aidera à en faire une réalité.

À l'instar de notre philosophie d'adoption de l'enquête, nous pensons que l'introduction des blogs auprès des apprenants doit être une approche échafaudée reflétant une libération progressive du contrôle de l'enseignant vers l'apprenant. Nous encourageons les enseignants des élèves de la maternelle à la troisième année à être les seuls propriétaires et contributeurs du blog. En d'autres termes, l'enseignant rédige les articles, publie le contenu et le partage avec le public visé par le biais de courriels, de Twitter ou d'autres plateformes de médias sociaux utilisées par les professionnels. Les élèves sont des blogueurs dans le sens où ils sont consultés sur ce qui doit être publié et invités à fournir des idées de contenu. Parfois, ils contribuent également à leur apprentissage afin que leur enseignant puisse le publier. De la quatrième à la sixième année, les élèves jouent un rôle plus actif dans les blogs en collaborant à la rédaction des articles, individuellement, par deux ou en petits groupes. Les élèves soumettent des articles à l'enseignant et les révisent en fonction de ses suggestions avant qu'il n'approuve la publication de leur article. Dans ce cas, l'enseignant est toujours le propriétaire du blog, mais il donne plus de pouvoir à la classe pour rédiger des articles et publier des travaux, comme dans un journal traditionnel. Voyons de plus près comment cela se passe dans notre classe.

COMMENCER À BLOGUER

Citoyenneté numérique et consentement

De nombreux groupes scolaires exigent le consentement des parents pour que l'image de leur enfant soit partagée en ligne. C'est pourquoi, au début de l'année scolaire, nous nous assurons que tous les parents ont signé un formulaire de consentement nous permettant de publier des images de leurs élèves en train d'apprendre ou des objets qu'ils créent au cours de leur parcours d'investigation. Nous pensons qu'il est important que nos apprenants comprennent ce que signifie le consentement afin de développer un sens aigu de la citoyenneté numérique. Nous ne nous contentons pas d'envoyer le formulaire de consentement à la maison pour qu'il soit signé. Nous conduisons plutôt nos classes à travers une conversation sur les droits, les libertés et les responsabilités numériques. Le fait d'impliquer nos élèves dans la conversation sur le consentement constitue une opportunité d'enseignement puissante. Ils apprennent qu'ils ont besoin d'une autorisation pour publier la photo d'une personne ou un objet créé par quelqu'un d'autre. Acquérir cette compréhension à un jeune âge rapporte d'énormes dividendes plus tard dans la scolarité. Les élèves qui demandent à leurs camarades la permission de publier leur image en ligne sont de bons citoyens numériques et des partageurs avisés. Ils comprennent que même s'ils créent un message, ils ont besoin de l'autorisation de tous ceux qui participent à sa création. Impliquer nos apprenants dans la conversation sur le consentement est une étape essentielle pour former des utilisateurs en ligne respectueux.

Si des parents ou des apprenants ne se sentent pas à l'aise pour donner leur consentement, nous trouvons d'autres moyens de les inclure dans notre parcours de blogueurs. Il nous est arrivé de publier des images d'apprenants dont le visage et l'identité n'étaient pas visibles, soit en prenant des photos sous des angles particuliers pour les cacher, soit en ajoutant simplement un émoji en forme de smiley pour cacher leur identité. Nous avons quelques astuces dans nos manches pour nous assurer que tout le monde dans notre classe peut être impliqué.

Une autre raison pour laquelle nous aimons avoir ces conversations sur le consentement avec les parents est que, pour la plupart, les parents n'ont pas travaillé avec des éducateurs prêts à enseigner les nuances de la citoyenneté numérique d'une manière aussi proactive aux jeunes élèves. Nos conversations nous permettent de partager notre philosophie concernant les blogs et l'intégration de la technologie dans la classe. Nous pouvons promouvoir les avantages du blogging et nos objectifs pour notre communauté d'apprentissage. Mais nous pouvons également envisager d'adapter notre vision aux besoins de nos apprenants, sur la base des commentaires et des souhaits de leurs parents.

Ces conversations vont bien au-delà de la simple obtention d'un consentement ou d'une approbation pour explorer le blogging ensemble. Elles posent le cadre de conversations puissantes entre l'éducateur, l'apprenant et les parents. Lorsque ces parties prenantes ont une compréhension et une approche commune de l'adoption du blogging, celui-ci devient un outil d'apprentissage encore plus puissant.

Plateformes de blogging

Nous avons travaillé avec une série de sites de blogging que nous adorons. Google Sites, Wordpress, Edublogs, Weebly et Kidblog ont tous une plateforme similaire en termes de flux et de fonctionnement. Faites vos propres recherches pour déterminer lequel de ces sites vous conviendra le mieux et répondra à vos besoins. Regardez ce que votre groupe scolaire utilise au niveau du collège et du lycée et envisagez une plateforme avec laquelle vos élèves peuvent se familiariser dès maintenant et qu'ils utiliseront davantage à l'avenir.

Comme indiqué précédemment, nous sommes également de grands fans de Seesaw et de FreshGrade, qui offrent également un large éventail d'outils numériques pour aider les élèves à rendre leur apprentissage visible pour leurs parents et leurs familles. Beaucoup de nos collègues complètent leurs bulletins scolaires avec le contenu publié dans ces portfolios numériques.

Nous vous suggérons de choisir une plateforme unique pour tous vos apprenants, afin que vous ayez la possibilité d'enseigner à la plateforme et de dépanner l'ensemble du groupe, et que les élèves puissent s‹entraider lorsque l‹occasion se présente.

LE BLOG DANS LA CLASSE DE LA MATERNELLE À LA TROISIÈME ANNÉE

Pour nos plus jeunes apprenants, l'enseignant est le vecteur du partage en ligne, en publiant un blog de classe au nom des élèves et avec leur approbation. Plus tard dans leur scolarité, ces élèves joueront un rôle plus actif dans le processus, mais pour l'instant, notre objectif est de créer les bases du blog en partageant la vision de la façon dont nous pouvons célébrer l'apprentissage en ligne.

Nous voulons intégrer de manière transparente les blogs et la technologie dans notre culture d'apprentissage. Idéalement, nos plus jeunes apprenants verront le blog mentionné en classe et à la maison de façon régulière. Chaque jour, nous affichons notre blog sur notre projecteur de classe afin que nos élèves voient ce centre d'appren- tissage où nous partageons dans le domaine numérique. Même si nous n'avons pas publié de message récemment, nous voulons que le blog fasse partie de notre environnement de classe. Le blog est notre marque en ligne, pour ainsi dire, et en tant que telle, nous voulons l'afficher tous les jours. Nos élèves apprennent que le blog est, dans leur boîte à outils de recherche, un outil supplémentairequ'ils peu- vent utiliser pour soutenir leur apprentissage.

Pour ces jeunes élèves, nous aimons publier des récapitulatifs hebdomadaires, des entretiens avec les apprenants, les grandes idées de la classe et le compte rendu d'une excursion ou d'un événement scolaire afin de mobiliser le public et d'animer la classe.

La récapitulation hebdomadaire

Au lieu d'une lettre d'information hebdomadaire ou d'un e-mail, utilisez l'approche des 20 minutes pour publier un élément de votre semaine que vos apprenants ont trouvé intéressant. Incluez un bref aperçu de la leçon ou de l'expérience afin de fournir un contexte à vos lecteurs, incluez quelques photos de l'apprentissage en action, et saupoudrez le tout d'un ton personnel et amical. Au fil du temps, vous découvrirez que les parents de vos élèves, et votre réseau social, seront impatients de savoir ce qui se passe dans votre classe.

Interviewer un apprenant

Publiez une courte interview d'un élève et, avec son accord, partagez une photo de son visage souriant et adorable. Vous pouvez préparer les élèves à l'avance en utilisant ces questions-réponses comme activité d'écriture. Ils répondent aux questions et vous les collectez comme vous le feriez normalement, mais faites des copies pour votre blog avant de les rendre à vos élèves. Vous pouvez ensuite en publier une de temps en temps ou créer une page À propos de nous sur votre blog et publier ces biographies en une seule fois. Une fois que vos élèves verront qu'ils font partie de cet espace en ligne, ils se sentiront liés au blog, enthousiastes et propriétaires de ce qui sera partagé tout au long de l'année scolaire.

Partagez une grande idée

Tous les quelques mois, publiez une réflexion plus détaillée sur votre pratique afin de donner à votre public un aperçu plus approfondi de l'apprentissage qui a lieu dans la classe.

À la fin d'une unité d'étude ou d'un point culminant de l'apprentissage, après une excursion, ou en réponse à un conférencier invité ou à un événement scolaire, ce sont tous d'excellents moments pour partager votre grande idée de l'apprentissage et ce que vous espériez que vos élèves en retirent. Incluez des images pour illustrer l'apprentissage en action et ajoutez des hyperliens pour montrer comment l'apprentissage a inclus des ressources spécifiques que vous avez utilisées pour approfondir la compréhension. Essayez de rédiger le message de manière claire et suffisamment détaillée pour que votre réseau puisse mettre en œuvre la séquence de leçons dans sa propre pratique.

Récapitulez une excursion ou un événement scolaire

Tirez parti des excursions de votre classe et des événements scolaires en les transformant en contenu pour votre blog. Prenez des photos–ou demandez à vos élèves de prendre des photos à l'aide de l'appareil photo de la classe, d'un iPhone ou d'un iPad–pour fournir un contexte visuel. Une fois de retour en classe, laissez-les vous parler de leurs expériences par le biais d'une série d'activités de réflexion, puis intégrez leur «voix» dans l'article. Une fois que vous aurez publié la récapitulation et que vos apprenants auront vu leurs mots, leurs photos et leurs expériences partagés sur le blog de la classe, ils éprouveront un énorme sentiment d'accomplissement et un engagement accru. De plus, ils comprendront mieux comment le blog fait connaître leur voix à un véritable public.

LE BLOGGING DANS LA CLASSE DE LA QUATRIÈME À LA SIXIÈME ANNÉE

Au fur et à mesure que nos élèves grandissent et comprennent le rôle puissant des blogs et la façon dont nous pouvons utiliser cette plate-forme de manière responsable pour créer des expériences de partage et d'apprentissage significatives et réfléchies, nous souhaitons leur donner progressivement plus de contrôle et d'autonomie sur notre plateforme de blogs. L'enseignant reste l'intermédiaire du partage en ligne et conserve le contrôle du blog. Cependant, entre la quatrième et la sixième année, les apprenants commencent à collaborer davantage avec l'enseignant, en soumettant des articles pour approbation, des suggestions de révision et, finalement, pour publication. L'objectif est de s'appuyer sur les bases posées de la maternelle à la troisième année en ajoutant continuellement des activités de blog qui donnent à vos apprenants un rôle plus important.

Collaborez au contenu

Nous aimons que les apprenants collaborent à un article par groupes de trois. En général, nous leur présentons un sujet, leur fournissons une incitation ou établissons un lien avec l'apprentissage dans notre salle. Nous mettons les groupes au défi de planifier, rédiger, réviser et peaufiner en collaboration un article qui sera approuvé pour publication. Nous discutons du fonctionnement des équipes de rédaction des journaux, des magazines et des sites Web, et nous regardons des clips vidéo pour observer l'écriture et la publication en collaboration. En conséquence, les élèves sont impatients de travailler sur leur article et d'obtenir une qualité prête à être publiée ! Nous intégrons des activités de remue-méninges, des processus d'édition et de révision, ainsi qu'une étape de soumission. Nos apprenants sont tellement enthousiastes pendant cette période «d'attente d'approbation»!

Interviewer un expert

Notre activité d'écriture préférée pour les élèves de la quatrième à la sixième année est l'interview d'experts. Associée à la rédaction d'un blog, cette activité permet de partager l'apprentissage avec un public authentique. Nous mettons les élèves au défi d'interviewer un expert dans un domaine qui les intéresse. Les enfants qui aiment le sport choisiront un athlète ou un entraîneur, les enfants qui jouent d'un instrument choisiront un musicien ou un professeur de musique, et les enfants qui aiment les ordinateurs, les jeux et le codage choisiront quelqu'un dans le secteur technologique. Les apprenants mènent l'entretien, obtiennent une photo de l'expert et soumettent leur post à l'approbation de l'enseignant. Le résultat est une série de posts engageants reflétant un haut niveau de pertinence personnelle de la part de tous les membres de la classe.

Post de fierté

Les apprenants rédigent un billet sur une activité scolaire dont ils sont fiers. Ils ont la liberté de sélectionner le sujet de leur choix. Nous leur demandons d'inclure des photos et, si possible, du contenu vidéo. Comme nous discutons souvent du courage, de la persévérance et de l'état d'esprit de croissance dans nos classes, les apprenants sont en mesure de réfléchir à leur apprentissage plutôt que de simplement résumer une activité ou une leçon. L'agentivité que propose le post de fierté présente des avantages étonnants. Par exemple, les apprenants choisissent toujours quelque chose dont ils sont réellement fiers, et leur sentiment d'accomplissement influe sur la qualité de leurs écrits. Leurs réflexions sont toujours très engageantes, personnelles et bien écrites, ce qui fournit une évaluation claire et précise à l'enseignant. Le rôle joué par les élèves dans cette invitation renforce encore le rôle qu'ils assument dans la classe d'enquête–un rôle qui les aide à devenir les apprenants et les citoyens curieux, créatifs et innovants que nous nous efforçons de les aider à devenir.

#MENTALITEDENQUETE EN ACTION

Les enseignants savent combien le partage est puissant dans notre profession. Plus nous partageons, plus nous pouvons apprendre les uns des autres. Cela s'applique également à nos apprenants.

Plus nous encourageons les élèves à partager leur apprentissage et à se connecter à la communauté élargie au-delà des murs de la classe, plus nous pouvons les aider à tirer parti des opportunités puissamment riches qui se présentent. Veuillez partager avec notre communauté #MENTALITEDENQUETE une photo, un clip vidéo, un lien de blog ou un exemple de portfolio illustrant comment les choses étonnantes de votre classe sont partagées avec un public au-delà de votre classe. Votre travail inspirera d'autres personnes et les encouragera à fournir des expériences similaires. Nous sommes impatients de voir ce que vous allez partager !

L'ENVIRONNEMENT
DE L'ENQUÊTE

La création d'un environnement de classe favorisant la curiosité, le questionnement, la collaboration et les relations permet d'entretenir la mentalité d'enquête. Nous pensons que l'espace d'apprentissage peut avoir un impact considérable sur la créativité des élèves en les encourageant à prendre des risques, à partager leurs interrogations et à se plonger dans l'enquête avec nous. Nous voulons que nos salles de classe soient accueillantes, inspirantes, confortables et propices à la réflexion. En gardant à l'esprit les quatre espaces d'apprentissage utilisés à Anzac Park–la grotte, la source d'eau, le feu de camp et la vie (comme indiqué au chapitre 8)–nous aidons nos apprenants à concevoir des espaces qui répondent à leurs besoins d'apprentissage. Des changements simples et rentables peuvent avoir un impact considérable sur votre environnement d'apprentissage !

La création d'un environnement de classe favorisant la curiosité, le questionnement, la collaboration et les relations permet d'entretenir la mentalité d'enquête.

Sièges

Demandez-vous si la disposition des sièges et des tables est propice à l'apprentissage par l'enquête. Vos apprenants peuvent-ils facilement collaborer, faire des recherches en groupe et avoir des discussions ? Si ce n'est pas le cas, essayez de les adapter à des espaces de collaboration tels que de grands triangles ou des arrangements de type table de dîner. Essayez d'ajouter des tables basses, pour le travail sur tapis. Il est essentiel de disposer à la fois d'espaces de collaboration et de zones d'apprentissage introspectif individuel pour permettre le travail en groupe tout en respectant les étudiants qui souhaitent travailler de manière indépendante et ont besoin de calme et d'isolement. Nous trouvons que les tables de groupe favorisent les discussions organiques et le partage des interrogations, offrant aux élèves la possibilité de rechercher et d'apprendre ensemble. Lorsque les élèves travaillent en petits groupes, non seulement ils apprennent les uns des autres, mais leur conversation suscite naturellement d'autres curiosités, ce qui conduit à des discussions plus approfondies sur les questions qu'ils se posent, sur la façon dont ils se sentent et sur la façon dont ils se comportent. Nous disposons également de quelques sièges confortables et accueillants dans nos espaces et nous avons expérimenté des chaises de style salon, des petits canapés, des coussins de sol et des tapis de sol pour créer d'autres types de sièges. Ces espaces d'apprentissage conviviaux invitent les élèves à fouiller dans les ressources, à faire des recherches et à lire des textes informatifs.

Construisez et aménagez votre espace au fur et à mesure que vous apprenez

Nous avons constaté que commencer l'année scolaire avec un minimum d'affiches et de tableaux achetés en magasin sur nos murs est une autre façon d'honorer les intérêts, les interrogations et les idées de nos apprenants. Nous aimons garder de l'espace sur les murs pour leurs questions, les affiches ou les tableaux créés par les apprenants, et la documentation de l'enquête. Nous aimons afficher les photographies et les œuvres d'art de nos apprenants dans la pièce et avoir beaucoup d'espace pour la documentation et le travail de d'enquête qui émergent au fur et à mesure de l'apprentissage. D'après notre expérience, la «toile blanche» favorise un environnement accueillant où les apprenants commencent rapidement à s'approprier notre espace d'apprentissage.

Un espace pour les questions

Comme nous l'avons décrit au chapitre 7, nous consacrons une grande partie de notre salle à l'affichage des réflexions des élèves d'une manière très visible. Notre mur de questions prend forme au cours de nos premières semaines ensemble et reste affiché jusqu'aux derniers jours de notre année scolaire, de sorte que la réflexion, l'apprentissage et les curiosités des élèves sont honorés tout au long de l'année. Nous aimons afficher de grandes photographies de nos élèves sur un mur entier de notre classe, chacune étant associée à une bulle de réflexion plastifiée. Les photographies sont belles, intriguent les autres et réchauffent notre classe. La bulle de réflexion nous permet d'écrire nos questions à la vue de tous et de la réutiliser encore et encore avec de nouvelles questions tout au long de l'année. Le mur des questions est un dévouement étonnant à l'amplification de l'apprentissage et au renforcement de la voix des élèves.

Provocations

La conception de provocations peut être un moyen efficace de susciter l'intérêt, la curiosité et les liens avec les objectifs, les thèmes et les sujets du programme scolaire. L'objectif de toute provocation est de susciter la réflexion, l'interrogation, l'émotion, l'engagement, la curiosité et les questions de nos apprenants. Nous concevons également nos provocations afin de fournir des pistes pour une recherche plus approfondie.

Table d'observation

Une méthode de provocation que nous utilisons dans notre classe est la table d'observation. Nous installons un espace où les élèves peuvent observer la provocation, poser des questions et collaborer avec leurs camarades. Parfois, les objets sont spécifiquement liés à un sujet ou à un thème d'enquête ; d'autres fois, nous pouvons utiliser une variété d'objets qui, selon nous, susciteront des réflexions, des interrogations et des questions. Notre expérience nous a permis de constater qu'avec le temps, les apprenants commencent à apporter des objets pour la table d'observation et demandent à construire leur propre exposition pour susciter les interrogations et la curiosité de leurs camarades de classe. Nos élèves et nous-mêmes aimons l'agentivité organique de l'apprentissage dans la salle de classe qui fait surface alors que les élèves deviennent des artistes et des concepteurs d'expériences d'apprentissage, façonnant potentiellement notre parcours d'enquête collective en classe. C'est puissant !

Lorsque vous construisez votre propre table d'observation, vous pouvez considérer les points suivants :

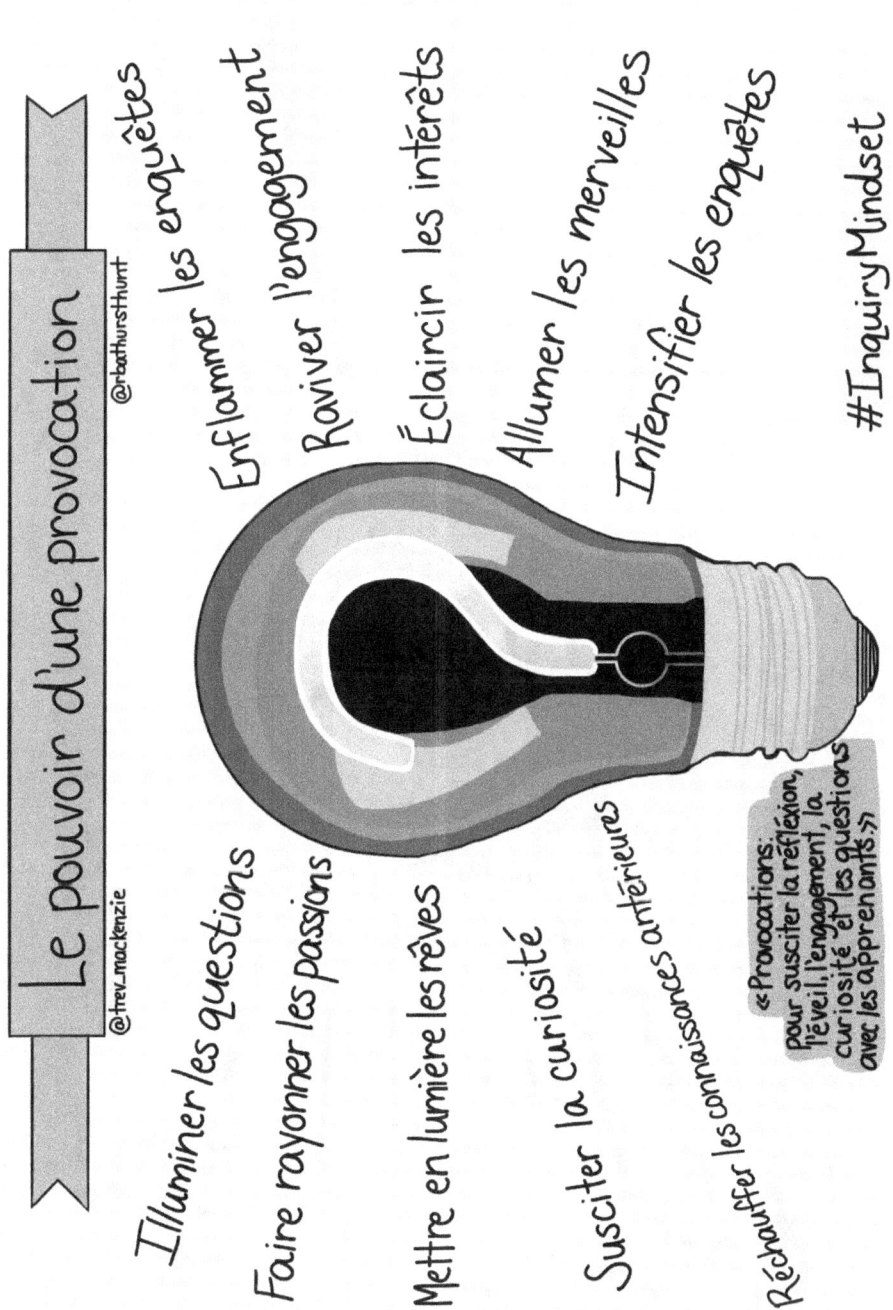

Le pouvoir d'une provocation

@trev_mackenzie

@rbathursthurst

Illuminer les questions

Faire rayonner les passions

Mettre en lumière les rêves

Susciter la curiosité

Réchauffer les connaissances antérieures

Enflammer les enquêtes

Raviver l'engagement

Éclaircir les intérêts

Allumer les merveilles

Intensifier les enquêtes

#InquiryMindset

« Provocations : pour susciter la réflexion, l'éveil, l'engagement, la curiosité et les questions avec les apprenants »

- Utilisez une table favorisant la collaboration et permettant à plusieurs élèves d'observer à tout moment.
- Disposez des loupes et, si possible, une grande loupe pour que les élèves puissent observer de plus près ce que vous partagez.

Pour inciter les apprenants à réfléchir et à partager, affichez quelques interrogations :

- Que remarquez-vous ?
- Qu'est-ce que vous vous demandez ?
- Que savez-vous ?
- Quelles histoires sont racontées ici ?
- Mettez des porte-blocs à la disposition des apprenants pour qu'ils puissent noter leurs observations. Demandez-leur

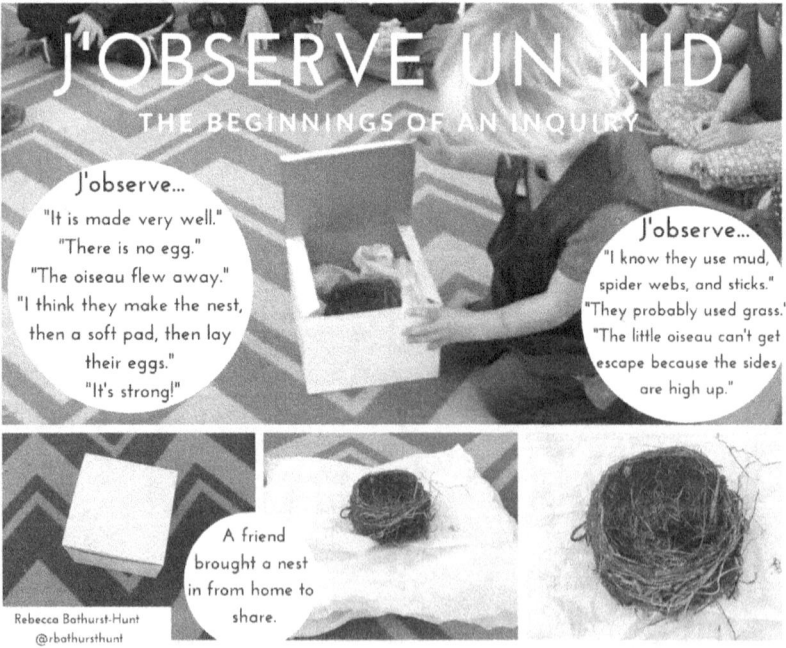

de noter ce qu'ils voient et touchent ou leurs pensées en fonction des questions.

- Mettez à disposition des crayons, des stylos, des couleurs et d'autres fournitures pour encourager les élèves à capturer leurs pensées et leur fournir des options pour ajouter des détails lorsqu'ils documentent leurs observations.
- Selon le degré de spécificité de vos articles, vous pouvez ajouter quelques textes non fictionnels pour susciter davantage de curiosité, d'intérêt et de questions. Cela convient très bien à la création des premières étapes de la recherche.
- Ajoutez une tâche nécessitant un IPad ou une tablette, encourager les apprenants à prendre des photos de ce qu'ils voient et à capturer leur réflexion.

Nous avons créé la réflexion narrative ci-dessus à partir de ce qu'un groupe d'apprenants a pensé lorsqu'ils ont observé une provocation de nid d'oiseau. À l'aide de Canva, un outil numérique utilisé pour créer des récits, des affiches et des brochures, nous avons capturé les interrogations et les observations d'un de nos jeunes apprenants.

Articles intrigants

Partager des objets intrigants avec l'ensemble du groupe est une autre façon de provoquer l'apprentissage et d'inciter les élèves à partager leurs interrogations à voix haute. Bianca McEwen, de l'école élémentaire George Jay, décrit une expérience magique résultant du fait qu'elle a apporté un objet dans sa classe pour aider ses apprenants à passer de l'inconnu au connu :

J'ai apporté à ma classe une grande bande enroulée de bois de cèdre récolté et je l'ai laissée sur notre table d'exploration. Mes jeunes élèves ont exploré à leur manière en touchant, sentant, pesant, roulant et empilant. J'ai posé la question sim-ple mais puissante : «Qu'est-ce que c'est ?» Je savais que la plupart d'entre eux ne sauraient pas ce que c'était sous cette forme. Les réponses ont été variées et les élèves ont dit : «Est-ce un nid ? Du bois ? Une maison ? Une roue ? Un morceau de la forêt ?»

Après avoir expliqué qu'il s'agissait d'un cèdre, j'ai demandé aux élèves ce qu'ils voulaient savoir à son sujet et comment nous pourrions trouver les réponses. Nous avons réfléchi, part-agé, fait un brainstorming, réfléchi encore et réduit la liste des questions. Puis nous avons élaboré un plan pour trouver les réponses. Nous avons posé des questions, fait des recherches et documenté notre apprentissage, et j'ai constamment demandé aux élèves ce qu'ils attendaient de moi et les ai encouragés à s'approprier leur apprentissage.

Ils ont acquis des connaissances factuelles au fur et à mesure que nous nous plongions dans notre enquête mais, à mon avis, la magie a opéré lorsque nous avons discuté de la manière de partager ces connaissances. Nous nous som-mes alors penchés sur les raisons pour lesquelles nous appre-nions sur le cèdre, ce qui a fourni un contexte et une référence merveilleux pour un apprentissage plus approfondi de la cul-ture des Premières Nations de notre région. Plus les élèves esti-maient que leurs connaissances étaient importantes, plus ils les partageaient. J'ai reçu des courriels de parents me disant à quel point leurs enfants étaient fiers de les éduquer, eux, leurs grands-parents et leurs frères et sœurs. Il est incroyablement gratifiant de voir l'excitation et la fierté des élèves lorsqu'ils se sentent à l'aise dans leur rôle d'enseignant et d'apprenant.

Pièces détachées

Rassembler de petites pièces provenant de la nature, de la maison, de friperies et de vide-greniers peut être un excellent moyen d'inspirer la créativité, de créer des liens avec des thèmes et des sujets d'enquête. En plaçant les pièces détachées dans des bacs ou des paniers accessibles dans votre salle, vous pouvez inspirer la réflexion et pousser les interrogations plus loin. Les enfants aiment trier, associer, compter, créer et partager leur curiosité à propos des petites pièces détachées. Ils sont souvent curieux de savoir d'où viennent ces pièces et pourquoi il y a tant de pièces identiques. Nous vous suggérons de rassembler les pièces détachées en petits ensembles de collection. Incorporez les pièces détachées dans votre jeu, installez-les sur une table et voyez ce que vos élèves commencent à créer. Souvent, les jeunes apprenants créent des motifs, des spirales ou des formes.

Au fur et à mesure que vous construisez votre propre collection de pièces détachées, vous pouvez envisager ce qui suit :

- Investissez dans quelques paniers et bacs pour le rangement. Un placement judicieux de ces éléments peut faire toute la différence dans ce que les élèves créent.
- Envisagez de rassembler de petits ensembles du même objet, qu'il s'agisse de bijoux, de pièces de monnaie, d'objets de la nature, de pailles, de bouchons de bouteille, de bouchons de liège, de pierres ou de tout autre objet qui vous vient à l'esprit.
- Disposez les objets sur de petits tapis pour encourager les enfants à construire, trier et créer dans une sorte de centre de «conception et construction». Cet espace dédié favorisera la concentration et aidera à garder votre classe en ordre.
- Essayez de fournir des formes (spirales, lettres, chiffres, etc.) que les élèves pourront tracer à l'aide de pièces

détachées. Il s'agit là d'un moyen fantastique de susciter des interrogations et des recherches en lien avec la littératie et la numération.

Espace Petit Monde

Notre espace Petit Monde est conçu pour susciter l'émerveillement par le jeu et l'exploration. Le cadre du petit monde peut être lié à un sujet ou à un thème d'enquête spécifique, mais il peut aussi être plus général et servir à encourager la curiosité sur le thème de la scène. Au départ, nous mettons en place l'espace, mais nous l'adaptons ensuite au fil du temps en fonction de l'intérêt ou des idées des apprenants. Parfois, notre espace Petit Monde s'est rapidement transformé en quelque chose de différent de ce que nous aurions pu imaginer. Nous aimons que les élèves s'approprient l'Espace Petit Monde et nous conduisent à des expériences d'apprentissage inattendues et merveilleuses !

Laisser de l'espace et inviter les apprenants à créer de l'attachement, de la curiosité et de la réflexion sur un thème ou un sujet spécifique par le biais du jeu est puissant. Nous vous suggérons de capturer des preuves des interactions de vos apprenants avec l'Espace Petit Monde et de la façon dont il change en fonction de leurs idées, de leurs personnalités et de leurs intérêts. Nous prenons des photos, enregistrons des notes anecdotiques sur les conversations et relevons des citations d'élèves pendant qu'ils interagissent avec l'Espace Petit Monde, puis nous les partageons avec leurs familles pour encourager et susciter des conversations significatives à la maison sur leur apprentissage. Les familles sont ainsi associées à notre enquête et à nos futures expériences d'apprentissage au cours de l'année scolaire.

Laisser de l'espace et inviter les apprenants à créer de l'attachement, de la curiosité et de la réflexion sur un thème ou un sujet spécifique par le biais du jeu est puissant.

Lorsque vous construisez votre propre espace Petit Monde, vous pouvez envisager les points suivants :

- Utilisez une table, peut-être à la hauteur des genoux, pour permettre à de nombreux apprenants de se rassembler, d'explorer et de collaborer.
- Rassemblez des pommes de pin, des pierres précieuses, des bouchons de liège, des roches, des brindilles, des petites rondelles d'arbre, des petits blocs, des boutons, des pompons ou des perles de bois.
- Créez un jardin zen que les apprenants pourront explorer et avec lequel ils pourront jouer.
- Rassemblez des artéfacts tels que des figurines en bois, des personnages en feutre, des formes, ou tout ce qui est lié à un thème spécifique sur lequel vous vous basez dans votre enquête ou un thème auquel vous espérez intéresser vos apprenants.
- Si possible, fournissez un iPad pour encourager les apprenants à documenter leur jeu. Invitez les enfants à prendre des photos de ce qu'ils créent et de tout élément particulier de leur jeu et de leur exploration. Ces photos peuvent être partagées avec l'ensemble du groupe et constituent un excellent point de départ pour des

discussions de groupe et pour susciter l'intérêt autour du thème ou des idées liées à vos plans de provocation et d'enquête de l'Espace Petit Monde.

- Mettez à disposition des porte-blocs pour inviter les enfants à dessiner et à documenter les histoires, les interrogations, les intérêts et les jeux survenus pendant leur séjour dans l'Espace Petit Monde.

Fenêtre d'émerveillement

Une autre provocation que nous utilisons est la fenêtre d'émerveillement, une zone spécifique à l'une de nos fenêtres pour encourager les observations et les interrogations à l'extérieur.

À l'aide de ruban adhésif, nous encadrons une zone sur la vitre pour encourager nos apprenants à regarder dehors et à partager ce qu'ils voient. Nous ouvrons nos rideaux et nos stores, nous nous inspirons de nos activités extérieures au fil des semaines, et nous reconnaissons et célébrons les changements dans le monde naturel qui nous entoure. Lorsque nous remarquons une action à l'extérieur, nous en profitons pour aiguiser notre mentalité d'enquête. Si une pelleteuse travaille en face de notre classe, nous ouvrons nos stores et encourageons nos élèves à dessiner ce qui se passe. Si une tondeuse à gazon tond l'herbe du terrain de l'école, nous invitons nos élèves à noter leurs observations. Lorsque le temps change et qu'il commence à pleuvoir ou à neiger ou que le soleil sort de derrière les nuages, nous gardons nos stores ouverts et nous invitons les enfants à exprimer oralement ce qu'ils remarquent et nous les incitons à le faire.

Nous invitons les enfants à exprimer oralement ce qu'ils remarquent et nous les incitons à poser des questions et à expliquer pourquoi ils pensent que le temps change. Le fait de disposer d'une zone spécifique pour le regard et l'observation peut être un excellent moyen de susciter des émerveillements et des explorations naturelles.

En construisant votre propre fenêtre d'émerveillement, vous pouvez envisager ce qui suit :

- Collez du ruban adhésif autour d'une fenêtre ou d'un cadre photo vide. Si possible, créez un cadre ressemblant à un cadre d'art, de photo ou de portrait orné. Cela crée une atmosphère de musée !
- Si possible, fournissez quelques paires de jumelles ou de loupes bon marché pour inciter à regarder plus profondément à travers la fenêtre d'émerveillement.
- Créez un journal des questions, fournissez des porte-blocs ou du papier et des ustensiles d'écriture pour inciter les élèves à consigner leurs observations.
- Si possible, fournissez un iPad pour que les élèves puissent prendre des photos. Nous couplons les images des élèves avec Adobe Spark afin que les élèves puissent prendre une photo, puis enregistrer leurs observations et mettre une voix sur ce qu'ils remarquent. Ces images peuvent ensuite être partagées avec l'ensemble de la classe ou avec leurs familles sur notre plateforme de portfolio numérique.
- Associez la fenêtre d'émerveillement à une petite collection de livres pour susciter l'intérêt pour les activités de plein air et les changements environnementaux.

Comme vous pouvez le constater, vous pouvez facilement repenser et réaménager l'environnement de votre classe afin de susciter la curiosité, l'émerveillement et les questions des élèves. Tous les enseignants, même ceux qui disposent d'un budget serré, peuvent adopter ces suggestions et donner à leurs élèves les moyens de s'informer.

#MENTALITEDENQUETE EN ACTION

Dans ce chapitre, nous vous proposons une série de moyens faciles à mettre en œuvre et significatifs pour modifier votre environnement d'apprentissage afin de favoriser l'enquête. Passez quelques minutes seul dans votre classe et observez l'aménagement de votre espace. Où aimeriez-vous déplacer, réorganiser, redessiner ou restructurer quelque chose en fonction de ce que nous proposons dans ce chapitre ? Une fois que vous avez identifié une zone ou un élément spécifique que vous aimeriez transformer, prenez quelques photos de l'espace avant d'aller de l'avant avec vos plans. Une fois que vous avez documenté l'espace, allez-y et mettez en œuvre les changements que vous avez identifiés et qui permettront à vos élèves de s'épanouir dans leur recherche. Encore une fois, gardez une trace de votre travail pendant la mise en œuvre de votre plan et gardez une trace du processus de réaménagement et des changements que vous effectuez. Enfin, une fois votre réaménagement terminé, prenez des photos de votre nouvel espace. Partagez-les images les plus poignantes avec notre communauté #MENTALITEDENQUETE afin que nous puissions tous voir votre espace accueillant et en apprendre davantage sur la transformation que vous avez créée !

L'ENQUÊTE ET L'ÉDUCATION INCLUSIVE

Que les élèves soient bien nourris et aimés ou appauvris et négligés, qu'ils soient intellectuellement capables ou confrontés à des défis particuliers dans leur apprentissage, tous les apprenants peuvent s'épanouir dans l'investigation. Un mythe courant au sujet de l'enquête est que l'agencement et l'autonomisation des élèves ne concernent que certains d'entre eux. Pourtant, tous nos apprenants méritent non seulement d'avoir la possibilité de façonner leur parcours d'apprentissage, mais ils peuvent également réussir de manière incroyable lorsqu'ils ont la compréhension, les compétences et l'état d'esprit nécessaires pour le faire.

Laisser de l'espace et inviter les apprenants à créer de l'attachement, de la curiosité et de la réflexion sur un thème ou un sujet spécifique par le biais du jeu est puissant. Tous les apprenants méritent non seulement d'avoir la possibilité de façonner leur parcours d'apprentissage, mais ils peuvent également réussir de manière incroyable lorsqu'ils ont la compréhension, les compétences et l'état d'esprit nécessaires pour le faire.

Cela est particulièrement vrai pour nos élèves ayant des besoins d'apprentissage divers. Comme nous l'avons noté dans les livres, nous avons constaté qu'une approche d'enquête donne du pouvoir aux élèves lorsqu'ils comprennent leurs forces et leurs besoins d'apprentissage. Lorsque la pertinence, l'authenticité et l'autonomie sont intégrées dans la salle de classe, les élèves s'engagent davantage dans leur apprentissage, sont plus disposés à approfondir leurs connaissances et à persévérer malgré les hauts et les bas de l'apprentissage. En outre, ils deviennent des communicateurs et des collaborateurs plus compétents. Dans cette optique, nous aimerions vous présenter quelques grandes idées pour vous aider à adopter avec succès la méthode d'investigation avec vos élèves ayant des besoins d'apprentissage différents.

ÉDUCATION INCLUSIVE

Nous proposons, lors du déploiement de l'enquête avec nos élèves ayant des besoins d'apprentissage divers, de commencer par créer une classe et une communauté scolaire inclusives. L'éducation inclusive signifie que tous les apprenants fréquentent l'école de leur quartier et y sont accueillis dans des classes ordinaires adaptées à leur âge, et qu'ils sont soutenus pour apprendre, contribuer et participer à tous les aspects de l'école. Les élèves ayant des besoins d'apprentissage divers ne fréquentent pas une école ou un programme différents qui les éloigneraient de leurs amis ou de leur groupe de pairs. L'objectif est plutôt de faire en sorte que tous les élèves, quelles que soient leurs capacités d'apprentissage, apprennent dans la même salle de classe en bénéficiant d'un soutien si nécessaire.

Tous les élèves qui apprennent dans un environnement inclusif bénéficient de la diversité présente dans la salle. En apprenant à connaître leurs forces individuelles et en se fixant des objectifs d'apprentissage personnalisés, les élèves prennent également conscience de leurs difficultés spécifiques et des ressources de soutien dont ils disposent. En outre, l'éducation inclusive favorise une culture du respect dans la classe et dans l'école, car les élèves nouent des amitiés et collaborent avec un large éventail d'enfants, chacun étant unique par ses capacités et ses défis.

L'enquête se développe dans un environnement d'éducation inclusive. Lorsque la confiance et la relation sont au premier plan de l'apprentissage, chaque élève profite des autres. Si les élèves travaillent avec un spécialiste ou un enseignant ressource en dehors de la classe, ils sont privés de la confiance et de la relation avec leurs pairs et l'enseignant chargé de l'enquête, et l'impact puissant de l'agentivité est supprimé. Nous avons trop souvent vu ces apprenants, malgré les meilleures intentions des professionnels impliqués, être ostracisés et étiquetés parce qu'ils sont retirés de la classe. Leur sens du moi est marqué.

Les classes d'éducation inclusive invitent le personnel de soutien à entrer dans la classe de recherche et à travailler avec des élèves spécifiques aux côtés de leurs pairs et dans notre communauté d'apprentissage. Cela offre des opportunités naturelles et puissantes à tous les élèves de collaborer, de se soutenir et de grandir ensemble.

Les classes d'éducation inclusive invitent le personnel de soutien à entrer dans la classe d'enquête et à travailler avec des élèves spécifiques aux côtés de leurs pairs et dans notre communauté d'apprentissage.

CONCEPTION UNIVERSELLE DE L'APPRENTISSAGE

Nous sommes de fervents partisans de la conception universelle de l'apprentissage (Universal Design for Learning, UDL), un cadre pour la planification des programmes d'études qui prévoit ce qui suit :

- De multiples moyens de représentation, pour donner aux apprenants divers moyens d'acquérir des informations et des connaissances.
- de multiples moyens d'expression, afin de fournir aux apprenants des alternatives pour démontrer ce qu'ils savent.

- de multiples moyens d'engagement, pour exploiter les intérêts des apprenants, les mettre au défi de manière appropriée et les motiver à apprendre.

Nous pensons que tout ce que nous proposons dans nos livres soutient les principes de UDL, en soulignant comment, dans une classe d'enquête, les élèves sont habilités à acquérir une compréhension à partir de diverses sources et à démontrer leur compréhension de diverses manières tout en explorant leurs intérêts, leurs curiosités et leurs passions. Le cadre UDL repose sur la conviction que la conception pédagogique est la meilleure pour tous dans la classe d'enquête. La création de parcours d'apprentissage personnalisés par le biais de l'enquête suit cette conception. Elle fournit le processus et les structures permettant de soutenir au mieux tous vos apprenants. Tous les apprenants peuvent poser une question comme point de départ de l'enquête, et ce début d'apprentissage–avec une question essentielle, un questionnement ou une curiosité–façonne l'expérience de l'élève dans la classe d'éducation inclusive.

Tous les apprenants peuvent poser une question comme point de départ de leur enquête, et ce début d'apprentissage–avec une question essentielle, un questionnement ou une curiosité–façonne l'expérience de l'étudiant dans la classe d'éducation inclusive.

PLANS D'ÉDUCATION INDIVIDUALISÉS

Dans la classe d'enquête, les élèves ayant un plan d'enseignement individualisé (PEI) sont impliqués dans le processus de construction et de maintien de leur parcours d'apprentissage, d'identification des aides nécessaires, de réflexion et de révision de ce plan tout au long de l'année. Ces élèves connaissent réellement leur PEI. Très souvent, le PEI est simplement créé par un gestionnaire de cas ou un enseignant et signé par un parent, et l'élève ne le voit jamais. Dans une classe d'enquête, le rôle de nos élèves dans ce processus est très différent. Nous honorons leurs voix en leur permettant d'agir dans le processus de structuration de leurs parcours d'apprentissage et de leurs PEI.

Lorsque les apprenants ont la possibilité d'agir et d'être responsables de leur apprentissage, ils savent quels sont leurs points forts et leurs besoins. Ils comprennent comment les programmes sont modifiés ou adaptés à leurs besoins, les stratégies d'enseignement qui leur sont appliquées, les technologies qui sont à leur disposition et les aménagements environnementaux auxquels ils ont accès. L'enquête permet à nos apprenants de s'approprier leur PEI.

DIFFÉRENCIATION

Les opportunités de véritable différenciation–les enseignants travaillant aux côtés d'un élève qui a besoin de soutien et de soins–sont fréquentes dans une classe d'enquête, et ce pour plusieurs raisons. Tout d'abord, la collaboration et le regroupement sont des facettes de l'enquête qui favorisent la différenciation. Que ce soit dans le cadre d'une enquête contrôlée, dans laquelle les élèves explorent la même question essentielle, d'une enquête guidée, dans laquelle les élèves travaillent en groupe sur le même sujet et partagent des idées et des ressources, ou d'une enquête libre, dans laquelle les élèves ont choisi un questionnement ou un parcours d'apprentissage similaire, les opportunités de différenciation sont nombreuses.

Deuxièmement, lorsque les élèves explorent véritablement des sujets qui les concernent personnellement et de manière authentique, l'enseignant enquêteur peut utiliser son temps en classe de manière plus fluide. Plutôt que de faire la leçon à l'avant de la salle, l'enseignant enquêteur peut rejoindre les élèves dans leur apprentissage et peut travailler à la différenciation sur le moment, en fonction de ses observations des besoins de chaque élève.

Plutôt que de faire la leçon de façon magistrale, l'enseignant enquêteur peut rejoindre les élèves dans leur apprentissage et travailler à la différenciation sur le moment, sur la base de ses observations des besoins de chaque élève.

Enfin, lorsque les élèves sont responsabilisés et comprennent leurs points forts et leurs difficultés, ils commencent à se différencier *pour eux-mêmes*. Que ce soit en choisissant une vidéo plutôt qu'un texte pour approfondir leur compréhension, une interview plutôt qu'un artefact pour rechercher un sujet d'enquête, ou une présentation plutôt qu'un échantillon d'écriture pour démontrer leur compréhension, lorsque les élèves savent ce qui fonctionne pour leur apprentissage, ils commencent à différencier pour mieux se soutenir. Puissant !

METTRE EN PLACE LES CONDITIONS D'APPRENTISSAGE

L'initiation à l'enquête dans les classes et les programmes d'éducation inclusive commence par la mise en place des conditions d'apprentissage. Cela est très différent entre l'école primaire et le lycée, car un seul enseignant travaille avec un groupe d'élèves du primaire pendant la majeure partie de la journée scolaire. Étant donné qu'il y a moins de mouvements entre les classes, les enseignants et les cadres pédagogiques, la structure de l'école élémentaire offre d'incroyables possibilités de recherche et d'apprentissage personnalisé. Les enseignants individuels peuvent planifier des blocs de temps plus longs, en fonction de l'endroit où se trouvent les apprenants en quête d'informations. L'intégration des disciplines traditionnelles se produit lorsqu'une question essentielle est ancrée dans un sujet spécifique, mais elle touchera probablement plusieurs autres domaines tout au long de notre unité d'enquête. En outre, les possibilités de collaboration et d'enseignement en équipe sont plus nombreuses, et il est plus facile d'approfondir l'apprentissage en dehors de la classe et dans la communauté. Il est clair que l'enquête est puissamment soutenue au niveau élémentaire parce qu'elle est littéralement intégrée au cadre de l'école !

Dans nos classes d'éducation inclusive, tous les élèves développent une idée de qui ils sont en tant qu'apprenants tout au long de l'année. Ils prennent conscience, non seulement de leurs propres forces et besoins en tant qu'apprenants, mais aussi des forces et des besoins des autres apprenants. Une véritable communauté d'apprentissage se forme, dans laquelle la collaboration est naturelle et où les aptitudes et compétences générales sont encouragées.

#MENTALITEDENQUETE EN ACTION

Dans ce chapitre, nous avons souligné le pouvoir que l'enquête peut apporter à tous nos apprenants. Tout au long de nos carrières, nous avons été témoins de la façon dont l'enquête crée des opportunités d'apprentissage significatives et pertinentes pour certains de nos élèves les plus vulnérables, ceux qui ont des besoins d'apprentissage divers. De quelle manière l'enquête vous a-t-elle aidé à inclure tous vos apprenants ? Partagez une célébration de la façon dont vous avez différencié et personnalisé pour mieux répondre aux besoins de l'un de vos élèves. Partagez votre artefact de cette célébration avec notre communauté #MENTALITEDENQUETE.

CONCLUSION

Au début de l'ouvrage « La mentalité d'enquête », nous avons décrit l'enseignant enquêteur et certaines des compréhensions, caractéristiques et valeurs que possèdent ces éducateurs. Nous vous avons mis au défi d'entreprendre la lecture de ce livre en ayant à l'esprit un plan de croissance professionnelle - en étant conscient de vos objectifs en tant qu'enseignant, en réfléchissant à votre pratique et en faisant tout ce qui est possible pour mieux répondre aux besoins de vos apprenants. De manière appropriée, nous avons encadré votre lecture par une question essentielle :

Après avoir lu ce livre, comment allez-vous entrer dans la classe en tant qu'enseignant différent et plus complet que jamais ?

Le moment est venu de mettre en œuvre tout ce qui, selon vous, fera de ce rêve une réalité.

Pour vous soutenir dans votre voyage au-delà de ce livre, nous vous invitons à continuer à documenter votre croissance, votre adoption de l'enquête dans votre pratique, et l'impact de ce voyage sur vos apprenants à notre communauté #mentalitedenquete. Vous faites partie des innombrables éducateurs du monde entier qui se posent la même question : Comment puis-je mieux répondre aux besoins de mes apprenants ? Appuyons-nous les uns sur les autres, soutenons-nous mutuellement et continuons, comme toujours, à apprendre les uns des autres.

Nous vous souhaitons bonne chance dans votre démarche de recherche.

Nous nous reverrons bientôt.

Trevor et Rebecca

REMERCIEMENTS

De Trevor

À mon adorable épouse Sarah : qui m'a soutenu sans relâche, qui m'a donné sans fin et qui a toujours dirigé avec son cœur. Je te le dois. À mes fils, Ewan et Gregor : vous êtes géniaux ! Je vous remercie pour la joie que vous apportez à notre monde chaque jour. Vous continuez à m'ouvrir les yeux sur tout ce qui est important dans la vie : vivre le moment présent, les étreintes et les câlins chaleureux, la famille et, par-dessus tout, l'amour. À ma famille, mes amis et mes collègues qui ont fait partie de cette belle vie, mes plus profonds remerciements. Et à ma mère, Marlene. Finir ce livre n'aurait jamais été possible sans ton amour et ton soutien sans fin. Tu m'as tant appris. Je sais que, où que tu sois, tu es fière de moi. Je t'aime.

De Rebecca

Un énorme merci à mes supporters numéro un : mon partenaire Philip, mes parents, Elaine et Clive, et mon frère, Freddie - je vous aime tous. Votre amour et votre énergie me permettent de garder le moral, de garder les pieds sur terre et d'être passionnée. Vous continuez à me rappeler de faire de mon mieux et de faire de grands pas. À mes amis et collègues, en particulier à l'école élémentaire George Jay, merci pour votre amour constant et pour m'avoir toujours fait rire.

De nous deux

A Holly Clark pour sa vision, son dévouement et son soutien. Nous ne saurions trop vous remercier ! À Erin Casey et à sa talentueuse équipe de rédaction et de conception : nous sommes reconnaissants d'avoir pu bénéficier de votre expertise tout au long de ce voyage extraordinaire ! Nous embrassons et aimons nos amis critiques qui ont prêté leur voix, leurs conseils et leur soutien pour faire de ce livre ce qu'il est : Petra Eggert, Maggie Hultman, Austin Kjorven, Marla Margetts, Bianca McEwen, Nadine McIntyre, Sarah McLeod, Kelli Meredith, Kath Murdoch, Lorraine Powell, Dave Shortreed et Jane Spies. Et aux familles qui partagent leurs apprenants avec nous chaque jour, nous sommes à jamais reconnaissants.

BIBLIOGRAPHIE

Focus on Inquiry: A teacher's guide to implementing inquiry-based learning. Edmonton: Alberta Learning, 2004. open.alberta.ca/dataset/032c67af-325c-4039-a0f3-100f44306910/resource/b7585634-fabe-4488-a836-af22f1cbab2a/download/29065832004focusoninquiry.pdf.

Kaufman, Josh. "The First 20 Hours: How to Learn Anything." YouTube Video. 19:27. March 14, 2013. Retrieved from: youtube.com/watch?v=5MgBikgcWnY

McTighe, Jay, and Grant Wiggins. *Understanding by Design*. Alexandria, VA: Association for Supervision and Curriculum Development, 2005.

Murdoch, Kath. *The Power of Inquiry: Teaching and learning with curiosity, creativity and purpose in the contemporary classroom*. Melbourne, Australia: Seastar Education, 2015.

Rose, David H., Anne Meyer, Nicole Strangman, & Gabrielle Rappolt. *Teaching Every Student in the Digital Age: Universal Design for Learning*. Alexandria, VA: ASCD, 2002.

Rothstein, Dan, and Luz Santana. *Make Just One Change: Teach Students to Ask Their Own Questions*. Cambridge, MA: Harvard Education Press, 2011.

Thornburg, David D. *Campfires in Cyberspace: Primordial Metaphors for Learning in the 21st Century*. Lake Barrington, IL: Thornburg Centre, 2007. nsd.org/cms/lib/WA01918953/Centricity/Domain/87/TLC%20Documents/Other%20TLC%20Documents/CampfiresInCyberspace.pdf.

"What Is Inclusive Education?" *InclusionBC*. Accessed October 15, 2017. inclusionbc.org/our-priority-areas/inclusive-education/what-inclusive-education.

Wideen, Karen. *Innovate with iPad: Lessons to Transform Learning*. Irvine, CA: EdTechTeam Press, 2016.

À PROPOS DES AUTEURS

Trevor MacKenzie est un professeur d'anglais à l'école secondaire Oak Bay à Victoria, BC, Canada, qui croit que c'est un moment magique d'être un éducateur. En augmentant l'agentivité des étudiants sur l'apprentissage, en y intégrant une pédagogie solide, une utilisation transformatrice  des technologies et en partageant l'apprentissage avec un public, les apprenants de Trevor sont prêts à assumer des rôles importants au 21e siècle. Trevor est l'auteur de "Dive into Inquiry : Amplify Learning and Empower Student Voice" ainsi que de "Inquiry Mindset : Nurturing the Dreams, Wonders and Curiosities of our Youngest Learners" (co-écrit avec Rebecca Bushby) publié par Elevate Books Edu.

Connectez-vous avec Trevor
Blog : trevormackenzie.com
@trev_mackenzie
trevormackenzie.com/contact

Rebecca Bushby est une enseignante de maternelle en immersion française à Victoria, en Colombie-Britannique, au Canada. Elle est passionnée par l'idée d'habiliter les apprenants à poser des questions profondes qui sont liées à leurs intérêts et à leurs passions. Elle s'appuie sur la curiosité et l'émerveillement des apprenants pour les aider à développer un esprit d'investigation. Rebecca est une artiste réfléchie de sketchnote et une blogueuse enthousiaste dans la communauté de l'éducation. Rebecca est co-auteur de "Inquiry Mindset : Nurturing the Dreams, Wonders, and Curiosities of our Youngest Learners" avec Trevor Mackenzie, publié par Elevate Books Edu.

Connectez-vous avec Rebecca
Blog : rebeccabushby.com
@rbathursthunt
rbathurst@sd61learn.ca

Ali Ezzeddine est consultant en éducation et formateur dans divers domaines éducatifs. Formateur international certifié par l'institut Lynn Erickson pour animer des ateliers basés sur des concepts et consultant éducatif international pour l'Organisation du Baccalauréat International. Ali a  traduit le livre "Inquiry Mindset : Nurturing the Dreams, Wonders, and Curiosities of our Youngest Learners" en Arabe et en Français.

Connectez-vous avec Ali
aliezzeddine.net

Dive into Inquiry

Amplify Learning and Empower Student Voice
By Trevor MacKenzie

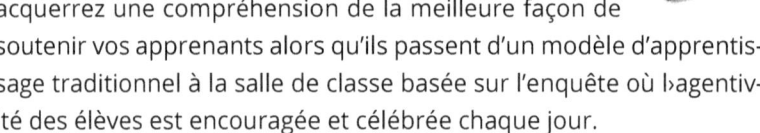

« Dive into inquiry » marie magnifiquement la voix et le choix de l'enquête avec la structure et le soutien nécessaires pour optimiser l'apprentissage. Avec ce livre, vous acquerrez une compréhension de la meilleure façon de soutenir vos apprenants alors qu'ils passent d'un modèle d'apprentissage traditionnel à la salle de classe basée sur l'enquête où l'agentivité des élèves est encouragée et célébrée chaque jour.

La mentalité d'enquête

Nourrir les rêves, merveilles et curiosités de nos plus jeunes apprenants
Trevor Mackenzie avec Rebecca Bushby

La mentalite d'enquete offre un voyage hautement accessible à travers l'enquête au cours des premières années. Apprenez comment donner du pouvoir à vos élèves, augmenter leur engagement et accélérer leur apprentissage en exploitant le pouvoir de la curiosité. Avec des exemples pratiques et un guide étape par étape de l'investigation, Trevor MacKenzie et Rebecca Bushby rendent l'apprentissage basé sur l'enquête simple.

Inquiry Mindset: Assessment Edition

Scaffolding a Partnership for Equity and Agency in Learning
By Trevor MacKenzie

Trevor plonge à nouveau profondément dans l'enquête alors qu'il examine le rôle de l'évaluation dans l'éducation à travers le prisme de la co-conception et de la co-con-struction avec les élèves. Dans *« Inquiry Mindset: Assessment Edition»*, il expose les croyances, les valeurs et les cadres qui permettent aux enseignants de structurer des évaluations imprégnées de la voix, de la compréhension et de l'autonomie des élèves.

Getting Personal with Inquiry Learning

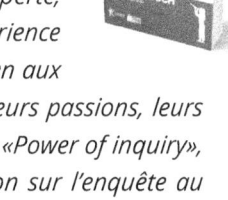

Guiding Learners' Explorations of Personal Passions, Interests and Questions
By Kath Murdoch
Dans Getting Personal with Inquiry Learning, l'experte, Kath Murdoch, s'appuie sur des décennies d'expérience pour offrir un guide pratique approfondi sur le soutien aux jeunes apprenants dans leurs enquêtes concernant leurs passions, leurs intérêts et leurs questions. Faisant suite au best-seller «Power of inquiry», ce livre invite les enseignants à pousser leur réflexion sur l'enquête au niveau suivant et à véritablement honorer à la fois leur propre autonomie et celle de leurs élèves.

From Agency to Zest

A Journey through the Landscape of Inquiry
By Kath Murdoch
Les mots délicieusement stimulants de cette exploration de l'apprentissage par l'enquête incarnent l'essence de l'enquête. Conçu pour initier la réflexion et susciter le dialogue professionnel parmi les éducateurs, «*From Agency to Z*est» offre un aperçu de l'enquête en tant qu'approche de l'enseignement et de l'apprentissage. En plus des explications fournies tout au long du texte, Murdoch offre des conseils pratiques sur la manière de soutenir et d'approfondir les expériences d'apprentissage professionnel au sein des écoles et entre elles.

Leading with a Lens of Inquiry

Cultivating Conditions for Curiousity and Emowering Agency
By Jessica Vance
Les modèles typiques de formation et de développe-ment professionnel se concentrent sur la transmission

de l'information. C'est un modèle qui, bien trop souvent, se répercute dans les salles de classe où la manière traditionnelle de «faire l'école» limite la façon dont les éducateurs enseignent et dont les élèves apprennent. Heureusement, il existe une meilleure manière d'apprendre : par l'émerveillement, l'agentivité et l'enquête. Grâce à « Leading with a Lens of Inquiry «, les administrateurs, les formateurs éducatifs et les leaders entre pairs apprennent comment cultiver des espaces d'apprentissage qui suscitent la curiosité et inspirent la pensée critique tant chez les adultes que chez les apprenants.

The AI Infused Classroom
Inspiring Ideas to Shift Teaching and Maximize Meaningful Learning in the World of AI
By Holly Clark

Avec la bonne mentalité, les bonnes questions et les bonnes stratégies, vous pouvez utiliser l'intelligence artificielle pour créer et élargir des expériences d'apprentissage significatives pour chaque élève. Dans « The AI Infused Classroom», Holly Clark souligne que les élèves ont plus que jamais besoin d'éducateurs bien formés pour s'assurer qu'ils sont prêts pour le monde de l'IA. Ce livre vous prépare à naviguer dans la dernière itération de la technologie éducative.

The Google Infused Classroom
A Guidebook to Making Thinking Visible and Amplifying Student Voice
By Holly Clark and Tanya Avrith

Ce livre magnifiquement conçu offre des conseils sur l'utilisation de la technologie pour concevoir des instructions qui permettent aux élèves de montrer leur réflexion, de démontrer leur apprentissage et de partager leur travail (et leurs voix !) avec un public authentique. *The Google Infused Classroom* vous permettra de donner à vos élèves les moyens d'utiliser la technologie de manière significative pour les préparer à l'avenir.

The Microsoft Infused Classroom
A Guidebook to Making Thinking Visible and Amplifying Student Voice
By Holly Clark and Tanya Avrith

Regorgeant d'idées que vous pouvez mettre en œuvre dès demain dans votre classe, *The Microsoft Infused Classroom*, vous permet d'utiliser des outils puissants plaçant l'apprentissage au premier plan. Des experts en technologie éducative, dirigés par Holly Clark et Tanya Avrith, vous montrent comment utiliser la technologie pour augmenter l'engagement dans votre classe et offrir des opportunités authentiques aux élèves pour partager leur travail et leur voix.

The Chromebook Infused Classroom
Using Blended Learning to Create Engaging, Student-Centered Classrooms
By Holly Clark

L'experte en technologie éducative et formatrice Holly Clark se tient à vos côtés pour vous guider dans l'utilisation efficace des Chromebooks en classe. Tout comme les autres ouvrages de la série the *Infused Classroom* series, « *The Chromebook Infused Classroom* s'appuie sur des pratiques pédagogiques éprouvées pour créer des expériences d'apprentissage engageantes et significatives pour les élèves d'aujourd'hui. Avec sa multitude d'outils, d'idées et d'instructions étape par étape, ce livre vous donne les moyens d'habiliter vos élèves pour l'apprentissage, et pour la vie.

The InterACTIVE Class
Using Technology to Make Learning more Relevant and Engaging in the Elementary Classroom
By Joe and Kristin Merrill

Dans ce livre pratique et riche en idées, les coauteurs, enseignants en classe et experts en technologie éducative, Joe et Kristin Merrill, partagent leur cadre personnel pour créer une classe interACTIVE. Vous découvrirez de nouvelles façons d'inspirer les jeunes apprenants à grandir et à développer leur résilience en poussant leur réflexion et leurs compétences au maximum.

Flipgrid in the InterACTIVE Class

Encouraging Inclusion and Student Voice in the Elementary
By Joe and Kristin Merrill

Les enseignants en classe, Joe et Kristin Merrill, ont vu de leurs propres yeux comment les idées pratiques part-agées dans *Flipgrid in the InterACTIVE Class* impactent l'apprentissage. En équipant les enseignants pour con-cevoir davantage d'opportunités permettant aux élèves de partager leurs voix et de créer des expériences d'apprentissage plus équita-bles, Flip ouvre la porte à l'interaction et à la discussion dans la classe élémentaire.

Sketchnotes for Educators

100 Inspiring Illustrations for Lifelong Learners
By Sylvia Duckworth

Sylvia Duckworth est une enseignante canadienne dont les croquis ont fait sensation sur les réseaux sociaux. Ses dessins offrent de la clarté et suscitent le dialogue sur de nombreux sujets liés à l'éducation. Ce livre contient 100 de ses croquis les plus populaires avec des liens vers les télécharge-ments originaux qui peuvent être utilisés en classe ou partagés avec des collègues. Tout au long du livre, on trouve les réflexions de Sylvia sur chaque dessin et ce qui l'a motivée à les créer, ainsi que des com-mentaires d'autres éducateurs qui ont inspiré les croquis.

How to Sketchnote

Visual Note-taking Made Easy
By Sylvia Duckworth

L'éducatrice et sketchnoter internationalement connue, Sylvia Duckworth, rend les idées mémorables et partage-ables avec ses dessins simples mais puissants. Dans «*How to Sketchnote*», elle explique comment vous pouvez utiliser le sketchnoting en classe et que vous n'avez pas besoin d'être un artiste pour découvrir les avantages du gribouillage !

40 Ways to Inject Creativity into Your Classroom with Adobe Spark

By Ben Forta and Monica Burns

Les éducateurs chevronnés Ben Forta et Monica Burns offrent des conseils étape par étape sur la manière d'incorporer cet outil puissant dans votre classe de manière significative et pertinente. Ils présentent 40 plans de leçons amusants et pratiques adaptés à divers âges et matières, ainsi que 15 organiseurs graphiques pour vous aider à commencer. Avec les conseils, les suggestions et les encouragements de ce livre, vous trouverez tout ce dont vous avez besoin pour injecter de la créativité dans votre classe en utilisant Adobe Spark.

The HyperDoc Handbook

Digital Lesson Design Using Google Apps

By Lisa Highfill, Kelly Hilton, and Sarah Landis

The HyperDoc Handbook est un guide de référence pratique pour tous les éducateurs de la maternelle à la 12e année qui souhaitent transformer leur enseignement en environnements d'apprentissage mixtes. The HyperDoc Handbook est un livre à succès qui trouve le juste équilibre entre la pédagogle et les conseils pratiques tout en proposant également des plans de leçons prêts à l'emploi pour vous permettre de commencer avec les HyperDocs immédiatement.

www.ingramcontent.com/pod-product-compliance
Lightning Source LLC
Chambersburg PA
CBHW071154130626

46553CB00004B/1660